DIGITAL MARKETING CONSULTANT

デジタルマーケティング・ コンサルタント 入門

森 和吉

ビジネス教育出版社

まえがき

"これからの時代"の職業「デジマ・コンサルタント」とは？

「休日返上で働いているのに、ちっとも給料が上がらない……」
「わずらわしい職場の人間関係から解放されたい！」
「場所も時間も問わない『フリーランスの働き方』に憧れる」

　あなたは「仕事」や「働き方」に対する悩みを抱えるなかで、本書に興味を持ってくださったのではないでしょうか。

　実は、こうした不満を抱いている人は、決して少なくありません。連合（日本労働組合総連合会）の調査（2022年）では、実に約7割もの人が、仕事に不満を抱えていることがわかっています。

仕事に対する不満について
1位：賃金が低い（32.9%）
2位：人間関係がよくない（18.1%）
3位：会社の将来に不安がある（16.0%）
4位：仕事の内容（15.6%）
5位：労働条件（賃金以外）がよくない（15.2%）

出典：日本労働組合総連合会／2000名を対象に行ったアンケート調査／
「連合および労働組合のイメージ調査（2022年)」)

"仕事に対する不満"の中身を見てみると「給料の低さ（32.9％）」がダントツ１位です。そのほかには「人間関係」「会社の将来性」「仕事内容」「働く環境」などが挙げられています。

　多くの日本人が「今の仕事」や「働き方」に対して、外には吐き出さない"モヤモヤ"を抱えている ── そんな実態が読み取れます。
　「人生100年時代」と言われる今だからこそ、何歳になっても心の底からの満足感とマインドフルネスが感じられる仕事を欲する人が少なくないのです。

　もしも、あなたも似たような"モヤモヤ感情"を抱いているのならば、おすすめしたい職業があります。

　それは「**デジタルマーケティング・コンサルタント**」です。
　略して「デジマ・コンサルタント」。

　「高収入（年商1000万円以上）」と「自由（ストレスフリーな働き方）」という翼を同時に授けてくれる、これからの時代の職業です。

　「デジマ・コンサルタント？　デジタルマーケターとは違うの？」

　もしかしたら、こんな疑問を抱いている方もいるのではないかと思います。それもそのはずです。マーケティングを担う職業と言えば、一般的には「デジタルマーケター」や「Webマーケター」が筆頭に上がるからです。

この"未知なる職業"について、ここで簡単にご紹介します。

デジマ・コンサルタントの定義
「SNS運用」や「SEO記事の作成」など、局所的な運用にとどまらず、あらゆるデジタルツール・PR手法などを組み合わせて「新規獲得」「リピーター獲得」「顧客のファン化」などに貢献するコンサルタント

　世の中には「Instagram運用に強い専門家です！」「バズるSEOコラム記事が書けます」という人は、星の数ほど存在しています。

　しかし、私たちが、商品を認知するメディアは、Instagram やSEO記事だけではありません。

　X（旧Twitter）、YouTube、TikTok、メールマガジン、Googleマップ、ブログ、リスティング広告、プレスリリース、LINE公式アカウント、オンライン接客、チャットボットといった具合に、無数の"タッチポイント（接点）"が存在しています。

　こうしたデジタル上の接点のなかから、企業の商品やサービスの特性に合わせて適切に組み合わせ、効果的なアプローチをすることで、効率よく成果につなげる「アドバイス」を行うのが、デジマ・コンサルタントです。

　デジマ・コンサルタントにはもう一つの特徴があります。**それは、「コンサルティング」に特化した仕事であるという点です。**

　一般的なマーケターの場合、必要に応じて実際に手を動かして成

果物を提供するまでが作業範囲となりますが、**デジマ・コンサルタントは「分析力」や「ディレクション力」の比重がほぼ100％の職業なのです。**

　企業のマーケティング担当者に「現状の課題」と「達成したいゴール」をヒアリングし、分析を行ったうえでアドバイスを行い、ゴールの達成に向けて伴走し、売上拡大やブランディングに貢献します。

デジマ・コンサルタントならば「年商1000万円」は射程圏内

　企業の"マーケティング・ブレイン（頭脳)"として頼りにされるデジマ・コンサルタント。

　この職業で得られる最大のベネフィットは、初心者の方でも、経験を積み上げていけば「年商1000万円以上」を目指せます。

　私自身、独立する前は、不動産会社のサラリーマンでした。2019年にサラリーマンを続けつつ、副業で「デジマ・コンサルタント」を名乗って活動していたのですが、**1年目にして、個人事業主ながら「年商1000万円」を難なく突破してしまいました。**

その理由は、Web 制作会社、広告代理店が玉石混交をきわめるなかで「第三者視点でアドバイスしてくれるパートナー」を欲している企業が多いからです。実際、私もそのような存在を目指し、お客様と伴走してきました。多くのお客様は「問題解決につながる"この人じゃないと得られない"アドバイス」と「いつでもそばにいてくれる"心の拠りどころ"（＝心と心でつながるパートナーシップ）」を提供してくれる人を探し求めているのです。

　また、デジマ・コンサルタントの場合、コンサルティングに徹することができるため、より多くのお客様の案件を受け持つことができました。その点も、年商 1000 万円の壁を突破できた大きな理由の一つです。一般のマーケターのように、分析に加えて、コンテンツの納品まで担っていたら、年商 1000 万円の壁を突破できなかったでしょう。

　この経験を経て、デジマ・コンサルティングという仕事のすごさと可能性の大きさを思い知りました。

　2024 年現在、私は渋谷のスクランブルスクエア内に、小さなオフィスを構えています。今もなお、コンサルタントは私ひとり。従業員は、アシスタントとして事務作業のサポートを頑張ってくれている奥さんだけです。

　とても小さな会社を細々と続けていますが、ご愛顧してくださってるお客様のお陰で、年商規模は 1 億円を突破するまでに成長しました。ここまでかかった時間は、わずか 5 年間です。「デジマ・コンサルタント」という職業ならば、スタッフをほとんど雇わずと

も、誰もが今の収入の2倍、3倍を目指すことができ、ゆくゆくは5倍、10倍にまで増やすことが可能なのです。

　しかしながら、本書はデジタルマーケティングについて説明する本ではありません。

　デジタルマーケターの数倍以上稼げるコンサルタントのなり方を伝授する"日本初の本"です。 デジマ・コンサルタントとして活躍していきたい方に「新規顧客の獲得方法」や「長く活躍する方法」などをお伝えします。本書は次のように思っている方々にぜひ読んでいただきたいです。

> ・コンサルタントとして生計を立てていきたい人
> ・激務・低収入から解放されたい現役のデジタルマーケター
> ・副業、フリーランス、起業したい人

　「デジタルマーケティングの経験がない」という方も楽しんでいただける内容になっています。少しでも興味がありましたら、ページをめくってみてください。

　デジタルマーケティングの基本の「キ」については、私の処女作『日本一詳しいWeb集客術「デジタル・マーケティング超入門」』（ぱる出版）で詳しく解説しています。

　今の時点では、頭にクエスチョンマークがたくさん浮かんでいるかもしれません。しかし、現在に至るまでに「実際に行ったこと」をベースに、初心者の方でも取り入れられるメソッドに落とし込んでいるので、誰でも最短ルートで「年商1000万円」を突破することができます。

　デジマ・コンサルタントは、ほとんどの人が知らない、ブルーオーシャンの職業です。デジタルマーケティングやコンサルタントが未経験の方にも大きく間口が開かれています。

　まずは「自分になんかできるわけない」という思い込みを今すぐリセットしてください。ネガティブに偏ったマインドセットを変えることから、あなたが主役のステージ、「第二の人生」がスタートするのです。

　デジマ・コンサルタントという"最強の軍師"となり、あなたの未来を、力強く切り拓いていきましょう！

Contents

CHAPTER 1

デジマ・コンサルタントになれば年商1000万円も夢じゃない！

デジマ・コンサルタント森からの
"ワンポイント・アドバイス"

デジマ・コンサルタントはブルーオーシャンにある"未開"の新しい職業である。とりわけ、10年、20年、30年と長期的に活躍するためには「パーソナルトレーナー」のような存在になることを目指してほしい。

幸福な職業「デジマ・コンサルタント」とは？

　ご挨拶が遅れました。デジマ・コンサルタントとして活動している株式会社吉和の森の代表・森和吉です。

　本書を通じて、あなたと出会えたことを心より嬉しく思います。**本章では、まだほとんど知られていない「デジマ・コンサルタント」という職業の魅力やベネフィットについて、詳しくお伝えします。**

　私は、2019年に独立して以来、デジマ・コンサルタントとして活動してきました。現在、14社のお客様に対して、デジタルマーケティングを駆使した集客アドバイスを行っています。そのほか、専門学校に通う学生さんにデジタルマーケティングのイロハを教える授業を行ったり、「ウェブ解析士」の資格取得のためのセミナー講師として登壇したりしています。

　冒頭でお伝えした通り、日本には今の仕事に満足していない方が大勢いらっしゃいます。**不満として挙げられているのが、給料、人間関係、会社の未来、仕事内容、労働条件です。**あなたも何らかの不満を抱くなかで、本書をお手に取ってくださったのかもしれませんね。

　皆さんの心のなかにある願望をまとめると、もしかしたら、次の

「潜在的な願望」に集約されるのではないでしょうか？

仕事に対する３つの"潜在的な願望"
１．わずらわしい職場の人間関係のストレスから解放されたい ２．パソコン１台で、カフェでも働ける「自由な仕事」をしたい ３．"手に職"で安定した「高収入」を得たい

実は、デジマ・コンサルタントは、これら３つの条件をすべて満たす幸福な職業です。その理由を、一つずつひも解いていきましょう。

１．わずらわしい職場の「人間関係ストレス」とは無縁

デジマ・コンサルタントをおすすめしたい大きな理由の一つが**「職場の人間関係のストレスから解放される」という点です。**

デジマ・コンサルタントは、会社の組織に所属せず、フリーランスとして活動できる職業です。そのため、苦手な上司と毎日顔を合わせなければならないといった苦痛とは無縁です。

私自身、事務のサポートを奥さんに依頼していますが、基本的には一匹狼でやってきました。その「一人会社」の体制が、私にはとても心地よく、肌に合っているようです。

とはいえ、誰ともかかわらないわけではありません。必要に応じて、信頼のおける外部パートナーと組みます。案件ごとに「業務委託」というかたちで、つながりながら、一緒に仕事をするのは、私にとって大きな喜びです。私にとっては一人ひとりが苦楽を分かち

合える"かけがえのない存在"なのです。

　ここでお伝えしたいのは「すべての人間関係を自らの手で自由自在に構築できる」ということです。これは、フリーランスとして働くデジマ・コンサルタントならではの大きなベネフィットだと痛感しています。人とのコミュニケーションにストレスを感じやすい方には、デジマ・コンサルタントという職業を強くおすすめしたいです。

　私自身、中学時代から30代くらいまでは、他に例がないくらいに、"強烈な引っ込み思案"でした。

　とても内気で、友達を作ったり、誰かと打ち解けたりするのがものすごく苦手だったのです。とはいえ、働かないと食べていけませんから、大学卒業後は、郵便局員を経て、大手ベンチャー企業に就職しました。
　しかし、もともとの内気な性格が災いして、半年以上、誰とも会話をしませんでした。その会社は、20代の若い子が多かったのですが、自尊心が低かったため「敬語で話しかけられれば御の字」という有り様でした。昼休みも、ほかの社員の皆さんは連れ立ってランチに行っていましたが、私は一人でそそくさと喫茶店にかけこんでネットサーフィンに明け暮れる毎日です。通信費が30万円を超えて、頭が真っ白になったのは、一生忘れられない想い出です……。
　そんな私が、イキイキと幸福を感じながら仕事ができているの

は、一人でできる仕事だからです。

言うまでもないことですが、デジマ・コンサルタントは企業に雇用されているわけではないため、お客様を選ぶこともできます。
X（旧Twitter）やホームページ経由で、毎月に数十件のお問い合わせをいただきます。なかには初回面談の時点で、動物的な嗅覚がはたらき「危険だな」と感じる方にお会いすることもあります。そういった場合、その場でコンサルティングをやんわりとお断りします。

コンサルタントは「クライアントのパートナー」であり、上下関係はありません。一致団結して課題解決・目的達成に向けて力を合わせるイーブンな人間関係のもとでコミュニケーションするのが望ましいと、私は考えています。それを理解できない方とは、お付き合いしていません。
協力パートナーはもとより、クライアントも選べ、自分にとって心地よい人間関係を築ける —— それがデジマ・コンサルタントという職業で得られる大きなベネフィットの一つなのです。

2．パソコン1台で仕事ができて、自由気ままにリフレッシュ

デジマ・コンサルタントには、もう一つのベネフィットがあります。**それは「ストレスフリーで自由な働き方」が手に入ることです。**

私は青森県八戸市の出身ということもあり、東京で働きつつも、

なんらかのかたちで「地方創生」に携わりたいという想いを抱いています。地方のお客様に向けたコンサルティングも積極的に請け負っており、頻繁に地方出張をしています。そのため、新幹線のなかで仕事をすることも多々あります。**パソコン・スマホ1台で仕事ができるデジマ・コンサルタントならではの魅力ですね。**

言うまでもないことですが、フリーランスなので、朝9時に出社して残業に明け暮れるなんてことは皆無です。仕事に没頭して徹夜で働くこともありますが、1日数時間しか働かないこともあります。
いずれにせよ、ワークスタイル（＝働き方）は"変幻自在"なのです。
地方に立ち寄った際には、全国津々浦々の旅先で「ワーケーション」を楽しんでいます。

デジマ・コンサルタントは、体の健康やメンタルヘルスの面でも理に適っています。私自身は、オフィスで仕事をするのに飽きたら、緑の豊かなカフェのテラスでリフレッシュしています。煮詰まったら、気晴らしに抹茶と和風スイーツが楽しめるおしゃれなカフェに行ったり、アンティークや絵画に囲まれたコーヒー屋さんに行ったりすることもあります。自然に癒されたいときには、近くの公園をフラッとお散歩することもあります。
誰の"管理下"にも置かれず、人目を気にすることもなく、自分の体調と心の状態を見つめながら、リフレッシュする方法も自由に選べるため、心身の健康状態がすこぶる改善しました。

振り返ってみれば、コロナ禍は「働き方改革」の名のもとに「リモートワーク」が推進されていました。しかし今では「脱・テレワーク」が時代の流れです。テスラのCEO・イーロン・マスク氏が「**最低でも週40時間はオフィスで働く必要がある。さもなければ、社を去らなければならない**」と発言したのは、有名な話です。いつ、出社体制が復活するのか戦々恐々としている読者の方も少なくないのではないでしょうか。

　リモートワーク中の方も、本当の意味で、心からのびのびと働けている方は、それほど多くないのかもしれません。

　場所に縛られず、時間に縛られず、誰にも邪魔されず、たった一人の人間として、真の"働く自由"が手に入る職業、それがデジマ・コンサルタントなのです。

3. "手に職"で安定した「高収入」を得られる

　「Webマーケター」という言葉はご存じかもしれません。**Webマーケターとは、お客様とデジタル上で接点を持ち、新規獲得・売上拡大を目指す職業のことです。**Webマーケターについては、副業で始めたり、フリーランスとして活動している方も多いです。

　とりわけ、フリーランスとして働く場合、「1．わずらわしい職場の人間関係のストレスから解放される」「2．パソコン1台で働ける自由な仕事である」「3．手に職"で安定した高収入が得られる」という理想的な3つの条件を兼ね備えている職業として非常に魅力的です。

インターネット上のある調査によると、Webマーケターの平均年収は「511万円」であることがわかっています。日本人の平均年収は「458万円」なので、Webマーケターでさえ平均以上に稼げる職業なのです（「国税庁調査・2022年」より）。

　ですが、デジマ・コンサルタントはマーケティング領域の職業においては、Webマーケターの平均年収の2倍以上稼げる職業です。

　なぜ、デジマ・コンサルタントは、Webマーケターの2倍以上稼げるのでしょうか？　最大の理由は、先にもお話ししましたがWebマーケターが、広告、SNS戦略、Web解析、SEO対策など「個々の得意分野のWeb集客」に注力するのに対して、デジマ・コンサルタントはデジタルマーケティングの全プロセスに精通し、高度に差別化された専門知識を持つ“専門家”であり、多くの企業から重宝される存在だからです。

　21ページの「パノラマ・デジマ地図」をご覧ください。これは、私がデジタルマーケティングの全プロセスを一枚のイラストにまとめたものです。
　この3STEPの流れに沿って、各フェーズでやるべきことを熟知し、最適な「打ち手」をアドバイスしていきます。世の中には、一部の「手筋」しか知らないマーケターが多いなかで、デジマ・コンサルタントは、最も市場価値の高いマーケターの一人なのです。

〈パノラマ・デジマ地図〉

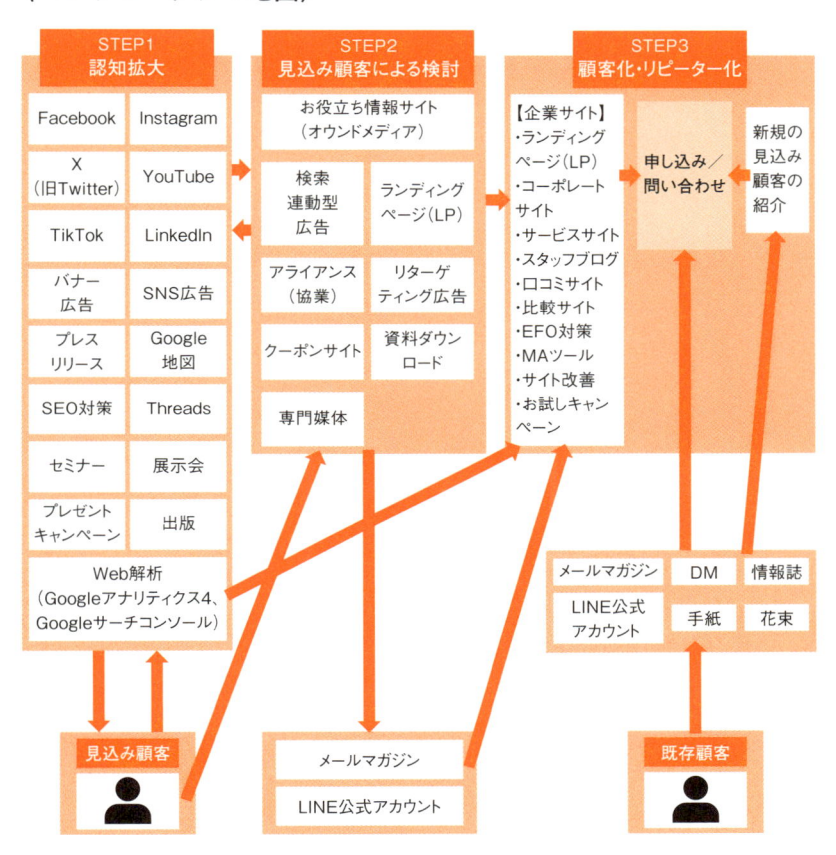

　痛み（売上減）の原因が分からない企業（患者）に対して、総合病院の院長の立場から適切な処方箋を出せる —— そんな立ち位置にいるのが、デジマ・コンサルタントです。だからこそ、Webマーケター以上に頼りにされ、1000万円以上の高収入が得られるのです。

　Webマーケター以上に稼げる理由は、それだけではありません。デジマ・コンサルタントはあくまで「コンサルタント」に徹することができるというのも大きな強みです。

デジマ・コンサルタントは、上流工程である「コンサルティング」がコアビジネスです。ディレクションは、クライアント側で行うのが原則ですし、制作物を納品することもしません。**デジマ・コンサルタントの価値は、成果の最大化につながる「良質な専門知識（＝頭脳）」と、困ったときにいつでも相談できて頼りになる「パートナーシップ（＝相棒的存在）」に集約されます。だから、効率よく収益を上げることができるのです。**

　もしもあなたが「わずらわしい人間関係と無縁な環境のなかで、自分らしく働きながら、バリバリ稼ぎたい！」という夢を抱いているならば、「デジマ・コンサルタント」を目指すことをおすすめします。

　「デジマ・コンサルタント」は副業から始めて、コツコツ顧客数を増やし、客単価を上げていけば、年商1000万円が実現できる職業です。

　あなたもぜひ「年商1000万円突破」と「自由な人生へのロードマップ」を手に入れてください。

まとめ

　副業から年商1000万円を目指せる職業が「デジマ・コンサルタント」

ナレッジが貯まり続けるから「人生100年時代」も不安なし

　円安・インフレ・増税のトリプルパンチを受ける時代に「安定した高収入」が得られることの価値は高まる一方です。

　とりわけ、時代は急速に変化し続けています。常に新しい技術が新陳代謝し、数年前の知識・テクノロジーが陳腐化してしまう世の中では「最新のナレッジ」こそが、生き残り戦略の生命線となっています。

　その点、デジマ・コンサルタントは非常に恵まれた職業です。**なぜならば、「分析・戦略立案」を中心としたコンサルティングが業務範囲なため、最新のナレッジを習得する時間を確保しやすいからです。**

　Webマーケターの場合、新規獲得・売上拡大のための分析・戦略立案、各クリエイターへのディレクション、制作物の納品など、その業務範囲は多岐にわたります。そのため、なかなか最新のナレッジを勉強する時間を確保できません。そればかりか「月間の残業時間が100時間超えた」「休日返上でクライアント対応に明け暮れた」などという悲鳴の声も少なくありません。とても残念な事実ですが、「Webマーケター」と検索すると、サジェストで「Webマーケター　やめとけ」「Webマーケター　オワコン」というキーワー

ドが目に飛び込んできます。

　言うまでもないことですが、イキイキと働いている方も大勢いらっしゃいます。しかし、Webマーケターとして働いている人のなかには、過酷な労働環境のなかで、会社では決して露呈できない"悲鳴"を上げている人もいるのが、揺るぎない現実なのです。

　先行きが不透明な時代、最新のナレッジを吸収し続け、市場価値を高め続けられる仕事にこそ、「安定した高収入」が約束されています。

　私の知り合いの山田大樹さん（仮名・30代・男性）は、デジマ・コンサルタントとして活躍しています。**山田さんは、大手の食品メーカーや自動車メーカーと取引をし、「100万円／月」の顧問料でコンサルティングを請け負っています。**山田さんは、決して自分を安売りせず地道かつ継続的に、デジタルマーケティング領域における最先端のナレッジと、問題解決力を磨き上げ、トップ・コンサルタントに上り詰められました。

　山田さんの場合、業務範囲をコンサルティングに限定し、セルフ・ブランディングにも注力してきました。その点も、山田さんの勝因の一つです。

　山田さんは、業務時間外の余った時間で、デジタルマーケティング関連の書籍を執筆し、商業出版も実現されました。**その書籍を上梓後、生成AIが盛り上がったタイミングで、生成AIの書籍も出して、ご自身のバリューを最大化されました。**そして、書籍を通じ

て、大手のクライアントを獲得し、紹介の輪を広げ、同等規模の大手クライアントを獲得するという戦略で「月収300万円×12ヵ月＝年収3600万円」を達成されました。

　最新のナレッジを吸収する時間を惜しまず、専門性を高め続け、ブランディングにも注力したことが、山田さんの「安定した高収入」につながっているのです。

　もちろん、マーケターの経験が浅いうちは、分析・戦略だけでなく、ディレクションを行ったり、手を動かして制作物を納品する経験を積むべきです。**しかし、経験を積み上げていくなかで、戦略・立案ベースでの実力が備わってきたら、コンサルティングに注力することをおすすめします。**それが、安定的に「年商1000万円以上」を獲得するための最短ルートです。

まとめ

自分自身の「市場価値」を永続的に高められる

頼られ、愛されるのは「パーソナルトレーナー」のようなコンサルタント

山田さんの事例を聞くと「私にもできるかな……」「セルフ・ブランディングなんてできる自信がない」なんて声が聞こえてきそうです。でも、本当その通りですよね。山田さんは本当にすごい人です。**私もとても山田さんのようにセルフ・ブランディングはできません。**

既にお伝えの通り、私の元々の性格は「引っ込み思案」です。さらに、集客・売上UPを担うデジマ・コンサルタントでありながら、営業が苦手なので、既存のお客様からの紹介が「7割以上」です。

そんな私でも、年商1億円の壁を突破することができました。読者の皆さんにとっては、本当に不思議なことだと思います。本書では「営業が苦手な私がどうやって新規顧客を獲得しているのか」について、2章以降でひも解きます。

本項では、セルフ・ブランディングがうまくできなくても「引っ張りだこのデジマ・コンサルタント」になるためのヒントを、お話しします。

先に結論を言えば、それは「パーソナルトレーナー(伴走者)になる」ということです。

一般的なWebマーケティング会社や広告代理店などの場合、クライアントとの付き合いや距離感、間合いの取り方は極めて“ビジネスライク”です。「取引先」という線引きを明確にしたうえで、ドライかつ淡々と、波風立てずに付き合うのが常です。

　一方、スポーツジムのパーソナルトレーナーさんはどうでしょうか？　少し、頭の中で思い浮かべてみてください。

　「その調子です！　今日はこれまでの自己ベストを更新できそうですね！　もうひと踏ん張り、ファイトです！」などと、モチベーションが上がる声かけをして、私たちの潜在能力を最大限に発揮できるように導いてくれますよね。その一方で「もう頑張れない、今日はここまでだ」というタイミングで、あと一歩、二歩、頑張れるように鼓舞してくれます。さらに、自分が立ち止まったり、前に進めなくなったときには、隣に座り、前に進むための「解決策」や「アドバイス」を授けてくれます。

　自分の努力を承認してくれたり、そばで応援してくれたり、道に迷ったときに、進むべき方向性を示してくれる人がいると「心強いな」「かけがえのない存在だな」と思うものです。**もしもあなた自身が、パーソナルトレーナーのようなコミュニケーションができるコンサルタントになれたら、お客様にとって“手放せない存在”になれるのです。**

　お客様が求めているのは「売上UPのためのアドバイス」ですが、それと同等に、困ったときにそばにいてくれるパートナーシップに価値を置いていることを知っておいてください。

頼られ、愛されるデジマ・コンサルタントは、お母さんが作ってくれたお弁当のような"人肌感"がにじみ出ているように思います。

　私の場合、どんなご相談にも「はい」か「検討してみます」の二択でお応えすることを信念にしています。

　どんなに忙しくても、お客様からのご相談には、24時間以内にお応えすることを心がけています。

　「ツールの使い方がわからない」という相談をいただいたら、お客様が「何につまずいているのか」を詳しくヒアリングし、自分のパソコンでも再現するようにしています。そうすることで、なぜつまずいたのかを把握します。そのうえで、操作手順を画面キャプチャし、社内の皆さんが使えるマニュアルにして、お渡ししています。

　一方、「税理士さんを探している」「Webディレクターが退職してしまった」などと相談されたら、お客様と相性が良さそうな方を紹介することもあります。

　お客様の好きなものをお聞きしておき、ふと旅行先で見つけたら、お土産として差し上げることで、日頃の感謝の気持ちを伝えています。

　コンサルタントと言っても、自分は決してパーフェクトな人間ではないため、時には失敗もします。そのときには、真摯にお詫びの言葉をお伝えしています。状況によっては、訪問のうえ、別途お詫びの手紙もお送りしています。

　並べてみると、本当に些細なことばかりで、大したことのない対

応ばかりです。でも、ちょっとした心遣いを意識しているWebマーケティング会社、広告代理店は、日本中にどれほどあるでしょうか？　これは私の予測ですが、１％にも満たないはずです。だからこそ「一味違う人だな」と思っていただけるのです。私のパーフェクトではない部分も含めて、長くお付き合いをしてくださっているお客様は、一つひとつの些細なやり取りに、"心と心のやり取り"を感じてくださっているのではないかと、私は考えています。

いかがでしょうか。「自分にもできそうだな」と思えませんか？

私は**「あなたもコンサルタントになれる！」「コンサルタントとして大活躍できるよ！」**と、声を大にしてお伝えしたいです。

ちょっとした心遣いでよいと思います。**あなたが「こんな対応をされたら心が温まるな」「くだらないことでイライラしていた気持ちがスッとほどけるな」と思えることを、一つずつ積み上げてみてください。**それが、頼られ、愛されるデジマ・コンサルタントになるために心がけたいことです。

まとめ

- -

目指したいのは「パーソナルトレーナー」のような存在

副業から「デジマ・コンサルタント」になるロードマップ

　前項では、大切にしていただきたいマインドセットについてお伝えしました。なかには「**マインドセットはわかった。でも、デジマ・コンサルタントとして活躍するまでのロードマップが頭に思い浮かばない……**」という方もいると思います。

　そのため、デジタルマーケティング未経験の方が、デジマ・コンサルタントとして活躍するまでに、どのような道筋があるのかをご紹介します。一例として、参考にしてみてください。

・【奥村洋平さんの場合】「無料コンサル」から始めて「月収50万円」を達成！

　奥村洋平さん（仮名・20代・男性）は、デジタルマーケティング未経験ながら、Instagram運用からスタートして「月収50万円」を達成した方です。

　奥村さんは、どこにでもいるごく普通の素朴な大学生でした。お小遣いが欲しかった奥村さんはアルバイトを探していたのですが、時給1600円で募集している試験官の仕事を見つけて「森さん、すごくいいバイトが見つかりましたよ！」と喜んでいたことを覚えています。

そんな奥村さんは、試験官のアルバイトで貯めたお金を元手に、体を鍛えようと、家の近くでパーソナルジムを探していました。Instagramで検索したところ、家の近くで数件のパーソナルトレーニングジムを見つけることができたのですが、まったく惹かれなかったのです。

　しかし、ホームページをチェックしてみると、とても魅力的なトレーナーさんだったので「自分の力で、このパーソナルトレーニングジムを繁盛店にしたい」と思ったそうです。

　そこで、私のもとに相談がありました。私は「Instagram運用のお手伝いをしてみたら？　奥村さんが思うがままに、集客アイデアをぶつけてみたら？」とアドバイスしました。

　当時、奥村さんは商社から内定をもらい、時間に余裕があったため、パーソナルトレーニングジムに「Instagram運用を手伝いたい」と提案しました。奥村さんはその場で「改善した方がよいと思うポイント」を洗い出し、アドバイスを示しました。

　すると、ジムの担当者から「月2万円で集客のアドバイスをしてくれないか」というオファーがきたそうです。しかし、奥村さんはその提案を断り、無料でInstagramの運用アドバイスを行うことに決めました。

　集客アドバイスを行った経験がなかったから「お金をもらったら悪い」と思ったのでしょうね。もしくは「お金をもらえるほどのアドバイスができないかもしれない」と考えたのかもしれません。いずれにせよ、奥村さんの"突撃ドアノック"は見事成功し、集客アドバイザーとしてデビューすることになったのです。

奥村さんは手始めに「BGM」に目をつけました。Instagramでは、自分のアカウント上で、BGMを流すことができるのですが、流行しているBGMを流すと、音楽つながりで、人を集めることができるからです。ちょっとしたひと手間ですが、流行っているBGMに変更することで、流入数を上げることに成功しました。

　それから奥村さんは、投稿するコンテンツのテーマを考えたり、スライドのテキストを執筆したり、写真をピックアップしたりするなど、コンテンツ制作に邁進しました。**積極的に手を動かして知識と経験を積み上げていったのです。**投稿のみ、ジムの担当者の方にお願いしました。

奥村さんが取り組んだ集客施策

- 「Instagram」のフォローで「10分間無料延長サービス」のチケットをプレゼントするキャンペーンを実施する
- ジムのアカウントで流すBGMを流行している音楽に切り替える
- ターゲットの興味を引く「お役立ちコンテンツ」を企画・執筆する
  （例：「ダイエットに効くジムの器具5選」「スキマ時間5分で太もも痩せが叶う神・筋トレ」など）
- 投稿するコンテンツの写真撮影と加工を行う
- 競合他社の人気ジムでバズっているコンテンツをリサーチ・分析する
- 「いいね！」やコメントの数が多かった投稿の勝因分析をする

　奥村さんがInstagram運用を始めてから、少しずつお客さんが増えていきました。**初めてのチャレンジでしたが、奥村さんは「ジム会員を集める」という結果を出すことに成功しました。**

その後、奥村さんは全面的な Instagram 運用を任され、現在では「月5万円」のコンサルティング契約で継続的に収入を得ています。

　奥村さんの場合、Instagram 運用の経験がなかったため、報酬をもらわずにスタートしたのがよい判断でした。すぐさま、初めてのクライアントを獲得できたからです。さらに、**Instagram 運用の実務を積み上げることで、着実にレベルアップされました。自ら新規開拓し、実力を高めた経験が「自分にだって、集客コンサルティングができるんだ！」という揺るぎない自信にもなったことでしょう。**
　奥村さんの手腕は口コミを通じて広がり、横のつながりで「うちのジムの Instagram 運用も任せたい」という依頼が殺到しているそうです。
　加えて、クラウドワークスやココナラなどのお仕事マッチングサイト上でも、クライアントを増やしています。現在の顧客数は5〜15社ほどで、月30〜50万円ほどの副収入を得ているそうです。

　現在、奥村さんの守備範囲は Instagram 運用のみですが、デジタルマーケティング全般について勉強中だそうです。将来的には「デジマ・コンサルタント」として独立することを目指していらっしゃいます。

奥村さんがデジマ・コンサルタントになるまでのロードマップ		
	アクション	報酬／月
STEP 1	ジムに「無料の集客コンサルティング」を打診する	0円
STEP 2	アカウントの弱点をリサーチ・分析する	0円
STEP 3	競合他社の勝因分析を行う	0円
STEP 4	企画・執筆・撮影などの「コンテンツ作り」を行う	0円
STEP 5	ジムの集客に貢献する（実績の獲得）	0円
STEP 6	月額0円→月額5万円に報酬アップ	5万円
STEP 7	1店舗目の実績を引っ提げて、周辺地域のジムのInstagram運用を行い、さらに実績を積み上げる	10万円〜20万円
STEP 8	ココナラやクラウドワークスなどのお仕事マッチングサイトで新規クライアントを獲得し、実績を積み上げる	20万円〜30万円
STEP 9	Instagram運用を行いつつ、デジタルマーケティングについて学ぶ	30万円〜50万円
STEP10	将来的には、Instagram運用以外の専門知識も身につけ、デジマ・コンサルタントとして独立する	1000万円〜

 まとめ

「無料コンサル」から数ヵ月で「月収50万円」も夢じゃない

コンサルティングで50億円の出資獲得 &株価は10倍に！

　私が、デジマ・コンサルタントになったのは、2016年のことです。投資用マンションを販売する不動産投資会社から、デジタルマーケティングによる集客サポートを依頼されました。

　このとき、私は次に挙げる施策を実行しました。スピーディかつ確実に新規顧客を獲得するために打ち出したマーケティング戦略です。

不動産投資会社に提案したデジタルマーケティング施策

- キーワード「不動産投資　アパート経営」を軸にしたSEOコラムを「20本／月」発信する
- 不動産クラウドファンディングを立ち上げて「顧客リスト」を獲得する
- メールマガジン登録者に、不動産投資に関するお役立ち冊子を提供する
- LINE公式アカウントで不動産投資に関する情報を提供する
- 会員を「大口既存顧客」「既存顧客」「久しぶり顧客」「見込み顧客」「情報収集者」などのステージに分けてメールマガジンで情報発信する

　その結果、数々の成果を挙げることに成功しました。

・「1000件／月以上」の問い合わせが殺到
・6ヵ月で「8万人」の会員獲得に成功（当時としては業界最
　大規模）
・コンスタントに「1億円」の投資物件が売れるように
・1年間で「50億円」の出資獲得に成功

　ここで私は、社内のDX化も推進しました。具体的には「顧客リストのデータ化」「稟議承認システムのデジタル化」「勤怠管理・経費精算のシステム化」などです。**そうした数々の施策が奏功し、会社の株価も、10倍に跳ね上がりました。**

　デジマ・コンサルタントは**「億のお金を生み出すプロ」**と言っても差し支えありません。それほど、スペシャルな存在なのです。

　戦国最強の騎馬隊を率いた戦国武将と言えば「武田信玄」が有名です。そんな彼の栄光の陰には、「山本勘助」という "天才軍師" の存在がありました。

　勘助は、色黒、片目、全身傷だらけという独特な風貌でしたが「キツツキ戦法」など、驚くような戦法を次々に考案しました。「キツツキ戦法」は、敵陣に自分の部隊を進軍させ、気を取らせている間に、背後から速戦即決に持ち込む戦術です。

　彼の有り様は、デジマ・コンサルタントさながらです。デジマ・コンサルタントは、既成概念に一切とわられることなく、集客のための戦術・戦略を自由自在に編み出し、100％以上の成果でコミットする "最強軍師" のような存在なのですから。

私が行った施策の数々も、6ヵ月〜1年で華々しい成果を挙げています。**このように、スピーディに企業の売上UPに貢献できるのが、デジマ・コンサルタントのすごさなのです。**

　2章以降では、企業から「最強軍師」として、全幅の信頼を寄せられる存在になる手法を初めて公開します。

　あなたも本書を読んで、上位3％のデジマ・コンサルタントになりましょう！

コンサルティング実績（抜粋）
● オウンドメディア運用・デジタル広告運用・不動産投資クラウドファンディング（不動産会社） 「1000件以上／月」の問い合わせを獲得。また、6ヵ月間で「8万人」の会員獲得に成功し、月に1億円ほどマンションの販売に成功。さらに、1年間で50億円の出資を獲得し、株価を10倍以上高めることにも成功
● 不動産投資クラウドファンディング事業の運用（不動産会社） 業界最大の25万人の会員獲得に成功
● Facebook広告の運用（証券会社×クラウドファンディング） 3000万円の出資を獲得
● デジタルマーケティング施策全般の運用（不動産会社） 問い合わせ件数が7倍にアップする。マーケターの採用にも成功し、マーケティングのインハウス化に成功
● オウンドメディア運用（デジタルマーケティング会社） 問い合わせ件数が数件から100件に
● LINE公式アカウントの広告運用（クリニック） お客様が3.5倍にアップする。予約件数は1.2倍に

● SEO 対策（人材紹介会社）
2ヵ月で自然流入数（オーガニック検索）が33倍にアップ

● YouTube 動画の発信（清掃会社）
新卒採用の応募数が10件以下、採用実績「ゼロ」だったが、応募数は50件にアップし、新卒採用にも成功

● コラボレーション企画（ステーキレストラン×入れ歯の製作会社）
売上が前年比1.2倍に

 まとめ

　デジマ・コンサルタントは企業の売上を倍増させる「最強軍師」

CHAPTER 2

未経験から"年商 1000万円稼ぐデジコン" になるための7原則

デジマ・コンサルタント森からの
"ワンポイント・アドバイス"

「年商1000万円超え」は、難攻不落の壁ではない。いくつかのポイントさえ押さえれば、"たやすく突破できる壁"である。押さえるべきポイント「7原則」を、ぜひ実践・体得してほしい。

初心者が年商1000万円オーバーの デジマ・コンサルタントになる方法 とは？

1章でお伝えしている通り、一般的なマーケターよりも市場価値が高いデジマ・コンサルタントなら、誰でも年商1000万円を達成することができます。私自身、副業ながらも、初年度でいきなり年商1000万円に到達することができました。とはいえ、私の場合、まったくの未経験ではなく、会社員時代の実績があったからこそ、初年度から大台を突破できたのだと思っています。

そこで、本章では、デジタルマーケティングやコンサルタント未経験の方が、年商1000万円を達成するまでに押さえるとよいポイントを解説します。一段、一段、階段をのぼっていくように、本章で挙げる7原則を押さえれば、あなたも年商1000万円のコンサルタントになれます。ぜひ、参考にしてみてください。

年商1000万円稼ぐデジマ・コンサルタント7原則
1．「パノラマ・デジマ地図」を頭に叩き込む
2．「得意な業界・マーケティング分野」をつくる
3．自信獲得のために「1万円／月額」で実績を作ろう
4．「学び」に投資し続ける
5．セルフブランディングは「人となり」の発信が重要
6．クライアントのビジネスモデルを理解しよう
7．未知の問題は「横のつながり（専門家）」で解決

1.「パノラマ・デジマ地図」を頭に叩き込む

　インターネット上には、有象無象の集客ノウハウが溢れ返っています。

「メルマガ配信で、お客様が3倍に増える！」
「SEOコラム100本で、問い合わせ数が2倍になる！」

　こうしたキャッチコピーを目にするたびに、飛びついてしまう方が多いのではないでしょうか。確かに、一時的に、成果が上がることもあるでしょう。**しかし、中長期的に成果を出し続けるのは困難なはずです。なぜならば「SNSだけ」「SEO対策だけ」といった具合に、単一の施策だけでは集客効果が頭打ちになってしまうからです。**
　例えば、ターゲットが女性ならば、「Instagramを使ったSNS集客がいい」と思うかもしれませんが、売上UPを目指すならば「リピーター化」や「ファン化」も視野に入れた包括的なキャンペーンを打つべきです。

> ## 「リピーター化」や「ファン化」を視野に入れたキャンペーン例
>
> ・期間限定でお友達紹介キャンペーンを実施
> ・リピーター限定の無料プレゼントを提供
> ・アクティブサポートを手厚くする
> ・LINEのステップ配信
> ・プレスリリース配信でPRを行う

　コンサルタントにおいて重要なのは、手持ちのカードをできるだけ多く所有し、必要なタイミングで必要なカードを差し出せる采配力なのです。

　例えば、あなたがトランプの「大富豪」をプレイしたとしましょう。そのとき、手持ちから出せるカードが1枚か2枚だけだったら、勝てそうだと思えますか？　間違いなく「難しい闘いになる」と思うでしょう。

　私は「SNSの専門家」や「SEO対策のプロ」の方々とつながりがありますが、多くの方々が廃業していきました。**それは、差し出せるカードが「SNSだけ」「SEOだけ」など、たった1枚だけだったからです。**

　超デジタル時代の今、大切なのは、デジタルマーケティングの全体像を理解し、その時必要な施策を提案できる力です。その全体像を示したのが「パノラマ・デジマ地図」です（P21と同様）。

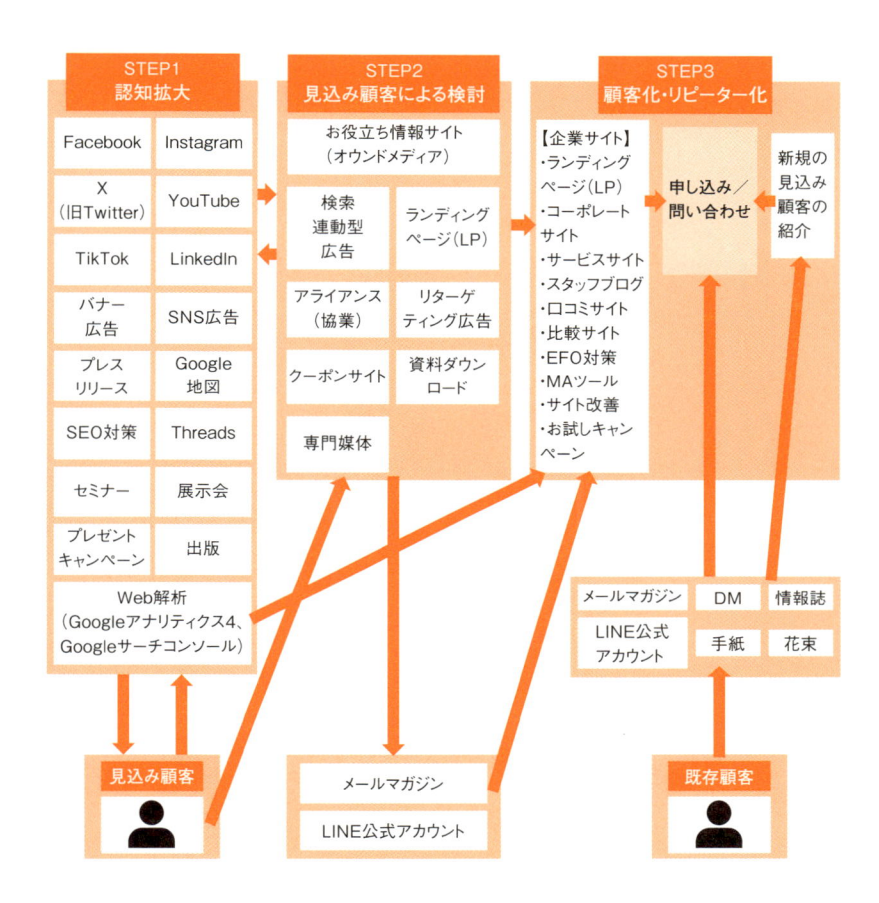

　「パノラマ・デジマ地図」は、顧客フェーズごとに必要な「集客のカード」が一覧になっています。そのため、この地図が頭に描けるようになれば、場面に応じて、必要なカードを差し出せるようになります。その結果、売上のV字回復を叶えることができるのです（詳しくは、私の前著『日本一詳しいWeb集客術「デジタル・マーケティング超入門」』をお読みください）。本書では、パノラマ・デジマ地図のおおまかな流れについてお伝えします。

パノラマ・デジマ地図　3 STEP	
STEP 1	認知拡大
STEP 2	お客様による検討
STEP 3	顧客化・リピーター化

　最初にSNS、デジタル広告、プレスリリース、Googleマップなど、なんらかのメディアで顧客と接点を持ち（＝【STEP 1】認知拡大）、お役立ち情報サイト（オウンドメディア）で疑問点や不安点を解消したり、LINE公式アカウントで情報収集を行い（＝【STEP 2】お客様による検討）、さらに企業のホームページやスタッフブログで、企業の信頼性をチェックし、商品を購入する（＝【第3STEP】顧客化・リピーター化）という一連の流れを図式化したのが「パノラマ・デジマ地図」です。

　一例として、女性向けの「脱毛サロン」を取り上げて、顧客がどのような流れで購入に至るのか見てみましょう。

脱毛サロンのペルソナ

- **性別** 女性

- **年齢** 18歳

- **地域** 富山県

- **未婚／既婚** 未婚

- **収入**
月7万円（学生なのでお小遣いを親からもらっているが、足りない分は家庭教師のアルバイトでコツコツ稼いでいる）

- **職業** 都内の大学生

- **趣味** カフェ巡り、ファッション、メイク

- **状況**
ペルソナは、富山県から都内の大学に上京したばかりの大学生。富山県にいるときは、部活や勉強に邁進していたため、ファッションやメイクに時間を割くことができなかった。しかし、上京してからは友達とおしゃれなカフェを巡ったり、原宿・表参道界隈のショッピングを楽しんでいる。

最近では見た目のケアにも気を使っており、特にムダ毛の処理に悩んでいる。脱毛に興味を持ち始めたきっかけは、夏に向けて、肌の露出のあるかわいい服を着こなしたいから。また、気になっている同級生を夏祭りのデートに誘いたいと考えており、すぐに脱毛サロンを利用したいと考えている。

　アルバイトで稼いだお金を使って脱毛サロンに通うことを検討しているが、価格がリーズナブルで、学生にも通いやすい場所を Instagram や TikTok で探している。信頼できるサロンを見つけるために、口コミサイトや SNS での評判を細かくチェックしている。

　また、初回無料体験や割引キャンペーンを利用して、いくつかのサロンを試してみたい。さらに、長期的な契約を結ぶ前に、実際の施術やスタッフの対応を確認したい。

　ここで設定した脱毛サロンのペルソナ（購入ニーズが高く、顧客になる確立が最も高い"今すぐ客"）に向けて、デジタルマーケティングの施策を実行する場合、デジマ・コンサルタントは「ペルソナが購入に至るまでの流れ」を踏まえて、デジタルマーケティング戦略を練ります。一つの例として、次のような戦略が考えられます。

脱毛サロンの「デジタルマーケティング戦略」の例	
ペルソナ	富山から上京し、都内の大学に通っている大学生（女性・18歳）
【STEP 1】認知拡大	● Instagram 人気インフルエンサーに「脱毛体験」をしてもらい、その成果を投稿してもらい、お店のPRにつなげる ● TikTok 人気インフルエンサーに「剛毛の私がツルツルになった脱毛サロンの特徴5選」「コスパ最強のサロン」などのコンテンツを投稿してもらい、お店のPRにつなげる ● MEO対策 （Googleビジネスプロフィール） 「自由が丘　脱毛サロン」などのキーワードで、店舗が表示されるように対策する ● SNS広告 「脱毛サロン」に興味があるユーザーに表示されるSNS広告を展開する

【STEP 2】 **お客様による検討**	**● オウンドメディア** 　**（お役立ち情報サイト）** 脱毛に関するお役立ちコラムが読める専門サイトを立ち上げて、SEOコラムを月に20本アップする **● ランディングページ（LP）** 脱毛サロンの魅力・コスパの良さ・他社との違い・価格などがわかるWebサイトを作る **●「比較サイト」への投稿** 脱毛の施術後、次回の予約を取る際などに「もしよろしければレビューをお願いします」などとお客様に声をかけ、口コミの投稿をお願いする
【STEP 3】 **顧客化・リピーター化**	**● ブランドサイト** 初めてのお客様限定で、特別価格で医療脱毛が受けられるキャンペーンを企画し、情報発信する **● LINE公式アカウント** 初めてのお客様限定で、特別価格で医療脱毛が受けられる特別キャンペーンを企画し、情報発信する **● コーポレートサイト** 「会社概要」を充実させて、信頼感を醸成する（倒産リスクの低い会社であることをアピールする） **● EFO（入力フォーム最適化）** 入力項目を減らす、住所を自動入力にする、確認ページを省略するなどして、離脱を防ぐ

ペルソナ設定・競合リサーチ・現状の問題点の洗い出しなどを行ったうえで、デジタルマーケティング戦略を描き出します。その際に「パノラマ・デジマ地図」を使います。「【STEP１】認知拡大→【STEP２】お客様による検討→【STEP３】顧客化・リピーター化」という大まかな流れのなかで、各フェーズごとの施策が一覧化されているため「どんな打ち手があるのか」が瞬時にわかります。また、パノラマ・デジマ地図を見れば、自分が作成したデジタルマーケティング戦略に「モレがないのか」「ムダがないのか」をダブルチェックできます。

　このように、精度の高いデジタルマーケティング戦略を策定するうえで「パノラマ・デジマ地図」が役立ちます。なお、パノラマ・デジマ地図の３つのステップは一つの流れであり、各施策は前後する場合があることを知っておきましょう。

　将来的にデジマ・コンサルタントを目指す方には、この地図を頭に入れることから始めていただきたいと思います。

まとめ

「パノラマ・デジマ地図」のインプットから始めよう

2. 「得意な業界・マーケティング分野」を作る

2つ目は「得意な業界・マーケティング分野を作る」です。この点は、高収入を得るうえで欠かせないポイントです。

既にお伝えの通り、私の場合、既存のお客様からの紹介が「7割以上」です。つまり、コンサルティングを行っているお客様が「森に任せれば、お客さんを集められる」と実感し、お知り合いの同業会社さんを紹介してくださっているのが実情です。**このように、紹介の輪が広がり、ゴリゴリと営業をしなくても食べていけているのは、私自身に「不動産」という得意分野があるからです。**

不動産投資会社様の案件では、いくつかのデジタルマーケティング施策に加えて、不動産投資クラウドファンディングの立ち上げなどにより、「1000件以上／月」の問い合わせを獲得しました。さらに、6ヵ月間で「8万人」の会員獲得に成功し、1年間で50億円の出資獲得にも成功しました。

2022年以降は、別の不動産会社様のコンサルティングを担当し、不動産投資クラウドファンディングにおいて「25万人」の会員を集めることにも成功しました。

このように、新規のお客様に自信を持って提示できる成果・実績があると、一切値引きをしなくても「あなたにお願いしたい」とオファーをいただけます。**また、自分のなかに「集客のための成功法則」が築かれると、自信を持って提案できるようになります。**その自信が、お客様に安心感を与え、次なる契約へと結びつくのです。成果も出せば、次なる紹介につながります。この好循環が「営業なし、紹介経由のお客様が7割」という実績につながっています。

　あなたも、漠然と「デジマ・コンサルタントになりたい」と考えるのではなく「○○分野に強いデジマ・コンサルタントになる」と決め、特定の分野で"一点突破"できるコンサルタントを目指してみてください。

　「そんなこと言っても、今の自分には得意分野がないんだけど……」という方は、得意分野を作るために「資格」を取得してみるのが一つの手です。私自身は、仕事をしながら身につけたデジタルマーケティングの知識を棚卸しし、自分の弱みやよくわかっていない分野を再攻略したかったため、**「ウェブ解析士マスター」「チーフSNSマネージャー」「上級ウェブ広告マネージャー」**という3つの資格を取得しました。これらの資格を取得することで、デジタルマーケティングに関する知識を増強したのです。

　さらに、不動産業界のコンサルティングに強いデジマ・コンサルタントになりたかったので、「宅地建物取引士（宅建）」の資格を取得するための勉強にも励みました。

資格を持っているからと言って、すぐさま受注につながるわけではありません。しかし、最後の一押しとして、有効なアピール材料になるのは事実です。**デジマ・コンサルタントとして活躍したい方は「デジタルマーケティング関連の資格」や「自分の攻略したい分野の資格」の取得を目指してみてはいかがでしょうか。**

得意分野の見つけ方のヒント（例）
● 食べることが好き／「飲食店巡り」が趣味である →「飲食・食品業界」向けのデジマ・コンサルタントを目指す 【最初に攻略するのがおすすめなデジタルマーケティング３選】 ・MEO対策（Googleビジネスプロフィール） ・Instagram運用 ・LINE公式アカウントの運用
● 旅行・レジャーが好き／旅行では「旅館・ホテル探し」にこだわる →「ホテル・旅館業界」向けのデジマ・コンサルタントを目指す 【最初に攻略するのがおすすめなデジタルマーケティング３選】 ・MEO対策（Googleビジネスプロフィール） ・Instagram運用 ・YouTube運用
● 現在、ウェディングプランナーとして働いている →「ウェディング業界」向けのデジマ・コンサルタントを目指す 【最初に攻略するのがおすすめなデジタルマーケティング３選】 ・Instagram運用 ・TikTok運用 ・検索連動型広告運用

- 以前、「リフォーム専門店」で営業マンとして働いていた
→「不動産・リフォーム業界」向けのデジマ・コンサルタント
　を目指す
【最初に攻略するのがおすすめなデジタルマーケティング３選】
・SEO対策／SEOライティング
・Facebook運用
・バナー広告運用

まとめ

　「経験」「得意」「好き」が、ほかには負けないコンサルタントを作る

3. 自信獲得のために「1万円／月額」で実績を作ろう

　新卒を対象にしたアンケート調査によると、人気企業トップテンのうち、8社が「コンサルティング会社」だそうです。なかでも「デジタル関連のコンサル市場」の成長は著しいです。2020年の市場規模は1337億円で、前年対比29.3％の伸長率です。

　副業したい人が激増しているなかで、デジマ・コンサルタントへの潜在ニーズも高まっています。実際、ここ近年では「デジタルマーケティング分野で食べていきたい」という相談を受ける機会が増えています。しかし、

「実績がないから、営業したってうまくいくわけがない……」
「デジタルマーケティングのスキルがない……」

と、二の足を踏んでいる方が9割以上です。失敗するかもしれない、デジマ・コンサルタントとしてデビューする自信がないというわけです。もしかしたらあなたも、同じ状況かもしれません。

　もしそうならば、本格デビュー前の「修業期間」を設けてみてはいかがでしょうか？　具体的には「1万円／月額」で、デジマ・コンサルタントとしてデビューするのです。

　一歩を踏み出せない場合、「スキルがないのに、お金をもらうの

は悪い」という“良心の呵責”があるからではないですか。その「なんだか悪いな」という気持ちを取っ払うには、格安でコンサルティングを行いつつ、経験・実績を積み上げ、自信を高めていくのがベストです。

・【内田友美さんの場合】「1万円／月額」から始めて「月収21万円」を達成！

美容サロンオーナーの内田友美さん（仮名・女性・30代）から、「副業でWebマーケティングをやりたいが、未経験。何から始めたらいいのかわからず困っている」という相談を受けました。

そこで、私はWebマーケターではなく、デジマ・コンサルタントを目指すことをすすめました。デジマ・コンサルタントは市場価値が高いにもかかわらず、活躍している人は少ないからです。**その際、「1万円／月額」でコンサルタントとしてデビューすることを提案しました。**

さらに、やるからには“採算度外視”でお客様と向き合うことも提案しました。時給換算で、最低賃金を下回っても、必死で「問い合わせ数UP」のために汗水たらすことで、経験と実績が積みあがっていきます。

内田さんは、最初、不安げな表情をされていました。しかし、ほどなくして、私の提案に興味を示してくれました。そして、副業で「美容サロン向けのデジマ・コンサルタント」としてデビューされました。

パノラマ・デジマ地図のうち、最初に内田さんが攻略したのは「Googleビジネスプロフィール」でした。Web系のスクールに通ったり、いくつかのセミナーを受講することで、基本的なスキルを積み上げていきました。

　そして、集客に困っていそうな美容サロンを見つけてはドアノックし「月額1万円で集客のお手伝いをさせてください」とアプローチし、実務経験を積み上げていきました。そして、「自分だってできるんだ」という自信貯金も溜まっていきました。**現在では、内田さんの実力が口コミで広がり、「3万円／月額×7社」のコンサルを行うまでに成長されました。**

　コンサル料金を上げるのは簡単ですし、いつからでも上げられます。しかし「コンサルタントとして活躍できるんだ！」という確固たる自信は、一朝一夕には高まりません。**まずは「1万円／月額」という、格安価格でスタートし、実績を積み上げるなかで「自信貯金」を貯めることからスタートしてみませんか？**

まとめ

　「月額1万円」で「自信貯金」を貯めることからスタートしよう

4. 「学び」に投資し続ける

　デジタルマーケティングの世界は、日々進化し続けています。「昨日の常識は今日の非常識」とまでは言いませんが、この10年間にも「マーケティングの新常識」が続々と登場しています。

　一例として、Googleなどの検索エンジンでは過去10年間で"劇的な進化"を遂げたことが挙げられます。**興味深いのは「検索ニーズ」にマッチしたコンテンツが、確実に上位表示されるようになったことです。**

　例えば「カレー」と検索したとしましょう。その場合、どんなコンテンツが上位に表示されると思いますか？　30秒ほど、考えてみてください。

　実際に、Googleの検索エンジンで検索してみました。そのところ、次のようなコンテンツが挙がってきました。

・自宅近くのカレー屋さん（Googleマップ上でわかりやすく表示）
・カレーの人気＆定番レシピ
・基本のカレーの作り方
・食べログでおすすめのカレー屋さん

Googleの検索エンジンは「カレー」と検索する人の「検索ニーズ」を、次の2つに絞り込んでいることがわかります。

1．「カレー屋さん（飲食店）」が知りたい
2．「カレーの作り方（レシピ）」が知りたい

私が「カレー」と検索するときの検索ニーズは「1．カレー屋さん（飲食店）が知りたい」です。一方、子どものためにカレーを作りたいお父さん・お母さんならば「2．カレーの作り方（レシピ）が知りたい」の検索ニーズを満たしてほしいと願うでしょう。

このように「カレー」というキーワードから、複数の検索ユーザーの「検索ニーズ」をとらえ、参考になるWebページを最上位に表示できるようになったのが、過去10年間における進化の一つです。

ちなみに、ユーザー数の少ないマイナーな某検索エンジンを使って「カレー」と検索したところ、「カレー屋さん（飲食店）」の情報ばかりで「カレーの作り方（レシピ）」は検索結果の2ページ目まで一切表示されませんでした。これでは、一部の検索ユーザーの「検索ニーズ」しか満たせません。

そのため、「SEO対策に強いデジマ・コンサルタントになりたい」という場合には、世界の検索エンジンシェアの約90％を占めるGoogleのアップデート状況を継続的にキャッチアップすることをおすすめします。それが、お客様の成果の最大化につながり、コンサルタントとしての信頼性の向上につながるからです。

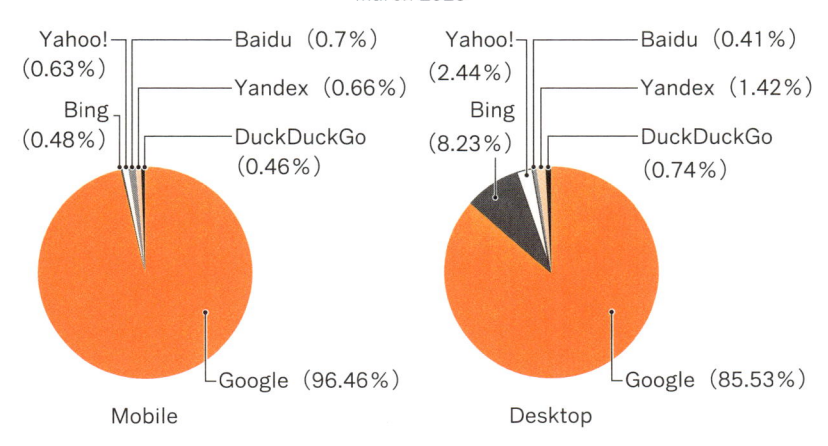

Worldwide Search Market Share
March 2023

Mobile
Yahoo! (0.63%)
Baidu (0.7%)
Yandex (0.66%)
Bing (0.48%)
DuckDuckGo (0.46%)
Google (96.46%)

Desktop
Yahoo! (2.44%)
Baidu (0.41%)
Yandex (1.42%)
Bing (8.23%)
DuckDuckGo (0.74%)
Google (85.53%)

出典：kinsta「2024年に利用したい検索エンジン22選」
https://kinsta.com/jp/blog/alternative-search-engines/

Googleの主要なアップデート		
年	アップデート名	主なアップデート内容（抜粋）
2011年	パンダ	闇雲にキーワードが詰め込まれたコンテンツ／他サイトのコピーページの検索順位を下げる
2011年	フレッシュネス	最新のニュースや注目のトピックスなどが上位表示させる
2012年	ペンギン	上位表示を狙った「不自然な外部リンク」が埋め込まれたコンテンツを排除する

2012年	パイレーツ	著作権を侵害するコンテンツが多いページの検索順位を下げる
2014年	ベニス	検索ユーザーの位置情報から、最適な検索結果が表示される（ユーザーが横浜にいて「美容院」と検索したら、横浜の美容院が表示される）
2015年	モバイルフレンドリー	スマホで操作しやすいWebサイトを上位表示させる
2017年	アウル	人々を扇動するフェイクニュースなど、攻撃的で低品質なコンテンツの検索順位を下げる
2017年	医療健康	医療・健康情報は、医療従事者・医療機関・専門家などによる信頼性の高いコンテンツを上位表示させる
2018年	スピードアップ	モバイルページの表示速度が速いページを上位表示させる
2021年	スパム	自動生成、非オリジナル、不正なリダイレクト設置などの低品質コンテンツの検索順位を下げる

　やや前置きが長くなりましたが、ここで一番お伝えしたいことは、日々、進化し続けるデジタルマーケティングに対応すべく、学びを深め続けることの大切さです。それこそが、デジマ・コンサルタントとして自信を高め、活躍していくための「サスティナブル戦略」となります。

私自身、その点について肝に銘じており、独立してからの過去5年間で、1000万円以上、学びへの投資を行ってきました。約3ヵ月に1回の頻度で、デジタルマーケティング関連の講座を受けたり、セミナーに参加したりしています。昨今では、デジタルマーケティングに限らず、政治・経済に関するサロンに参加するなど、学びの奥行きも縦横無尽に拡大しています。政治・経済の学びは、経営者の方とのアイスブレイクの会話に役立っています。

　デジタルマーケティングの領域は実に広大です。**デジタルマーケティングの経験者の方も、未経験の方も、真っ白いキャンバスを一つずつ塗りつぶしていくような感覚で、デジタルマーケティングに関する知識・スキルを積み上げていきましょう。**

デジマ・コンサルタントとして活躍するための "3つの攻略ポイント"

1．デジタルマーケティング領域24個を、日々の学びのなかで、一つひとつ塗りつぶしていく。まずは基礎レベルを押さえればOK。いきなりハイレベルは目指さない

2．デジマ・コンサルタントが身につけたい基本スキルは「リサーチ力」「分析力」「戦略力」「営業力」の4つ（「営業力」は5章を参照）

3．デザイン・マークアップ・システム構築など「実務領域」は思い切って専門家に任せる。あくまで「マーケティング・ブレイン」になることを目指そう

デジマ・コンサルタントが身につけたい領域＆到達目標		

到達目標としては、まずは「基礎レベル」を目指してください。なるべくすべてにチェックマークがつけられるように、学びを深めるのがおすすめです。

【STEP 1】 認知拡大	☐	**１．Instagram集客のディレクション力** 企画やコンテンツ作成の指示ができる／広告作成の指示ができる／アルゴリズムを理解している
	☐	**２．TikTok集客のディレクション力** TikTokに投稿するコンテンツを作成するための指示ができる／広告作成の指示ができる／アルゴリズムを理解している
	☐	**３．X（旧Twitter）集客のディレクション力** Xに投稿するコンテンツを作成するための指示ができる／広告作成の指示ができる／X（旧Twitter）のアルゴリズムが理解できる
	☐	**４．Facebook集客のディレクション力** Facebookに投稿するコンテンツを作成するための指示ができる／広告作成の指示ができる／アルゴリズムを理解している
	☐	**５．YouTube集客のディレクション力** YouTubeに投稿するコンテンツを作成するための指示ができる／広告作成の指示ができる／アルゴリズムを理解している
	☐	**６．MEO対策のディレクション力** Googleビジネスプロフィールの運用指示ができる／アルゴリズムを理解している

☐	**7．SEO対策** SEOコラムのキーワード選定、原稿の書き方のポイントがわかり、修正の指示までできる／アルゴリズムを理解している
☐	**8．Web解析（Googleアナリティクス4）** Googleアナリティクス4（GA4）の数値を見て仮説・検証ができる／GA4の設定や操作の仕方を教えられる
☐	**9．ディスプレイ広告（バナー広告）のディレクション力** 広告作成の指示ができる／設定や操作の仕方を教えられる
☐	**10．プレスリリースのディレクション力** プレスリリースの投稿指示ができる／プレスリリースの書き方を教えられる／適切な配信メディアを選定できる

【STEP 2】 お客様による 検討	☐	**1．リスティング広告のディレクション力** リスティング広告作成の指示ができる／ キーワードの設定ができる
	☐	**2．オウンドメディア（お役立ち情報サイ 　ト）の企画・設計** コンテンツを設計できる／リード獲得・ 売上増加の仕組みを設計できる／検索順 位やPVを分析・改善できる
	☐	**3．ランディングページ（LP）の企画・ 　設計** ターゲットをリサーチできる／ランディ ングページを構成できる／セールスライ ティングができる／効果検証と改善がで きる
	☐	**4．リターゲティング広告の企画・設計** ディスプレイ広告やSNS広告の設計・設 定を指示できる／仕組みや設定の仕方を 教えられる
	☐	**5．アライアンス（企業間コラボ）の企 　画・設計** コラボ企画の構成案を設計できる／企業 の特徴を生かしたコラボレーション先企 業を探し、営業やPR展開を指示できる
	☐	**6．クーポンサイトを使った集客の企画・ 　設計** 店舗ビジネスを展開する企業に対してクー ポンを使った集客の提案・指示ができる／ 集客の効果測定ができる
	☐	**7．ECモールや専門メディアへの展開** 楽天・amazonなどのECモールにおける 集客の企画・設計・ディレクションがで きる／飲食・美容系の専門メディアの仕 組みについて説明できる

【STEP 3】 顧客化・ リピーター化	☐	**1．ブランドサイト** ブランドサイトを企画・設計できる／商品・サービスの魅力が伝えられているか、ブランドイメージが反映されているかを指摘・助言ができる
	☐	**2．LINE公式アカウントの運用** LINE公式アカウントに投稿するコンテンツの作成指示ができる／アルゴリズム・仕組みを理解している／広告作成の指示ができる
	☐	**3．コーポレートサイト** コーポレートサイトを企画・設計できる／数値分析を基に指摘・助言できる／集客の仕組みを助言できる
	☐	**4．EFO（入力フォーム最適化）** 数値分析を基に指摘・助言できる／最適化のやり方を熟知している
	☐	**5．リード獲得** メールマガジン・LINE・SNSで見込み顧客の情報を獲得する仕組みを考えられる／キャンペーンを構築できる／ステップ配信を構築できる／運用に関する助言ができる
	☐	**6．MAツール（マーケティングオートメーション）の活用** 設計から運営までを支援できる／導入支援ができる／運用をサポートできる／運用後の分析・改善提案ができる
	☐	**7．Webサイトの改善** Googleアナリティクス4（GA4）やGoogleサーチコンソールの利用方法や数値の意味を理解できる／アクセス解析やウェブサイト改善を助言できる／改善の進捗管理ができる

デジタルマーケティングの学びを深める４つの方法

１．「セミナー・講座・オンラインスクール」に参加する

【メリット】
・現場で活躍している人の「生きた経験・ノウハウ」を学べる
・専門家に直接、質問ができる
・ほかの人の質問が自分にとっての学びにつながることがある
・横のつながりができる

【注意点】
・費用が高額な場合もある
・当たりはずれがある（信頼できる人の推薦があると安心）

２．デジタルマーケティング関連の書籍を読む

【メリット】
・費用があまりかからない
・大枠の基礎的な知識を身に付けられる

【注意点】
・質問できないため、疑問点・不明点は自分で調べる必要がある
・現場で役立つ実践的なスキルは身に付きにくい

３．デジタルマーケティング関連の専門サイトで学ぶ

【メリット】
・インターネットで検索すれば、その場でスピーディに知識を吸収できる
・時間・場所を気にせず、いつでも学びを深められる

【注意点】
・自分が求める回答がインターネット上にない場合も多い
・「検索力」がないと必要な回答が得られず、わからないままになる
・たまに誤った回答が紹介されていることがある

4．デジタルマーケティング関連の資格を取得する

【メリット】
・自信が持てるようになる
・セールスポイント（売り）ができる
・資格関連のコミュニティへの参加で横のつながりができる

【注意点】
・自分一人で学んでいると心が折れる時がある
・資格を取得したからオファーが来るわけではない
・資格の取得後も継続的に勉強し続けることが大事

 まとめ

　横断的かつ継続的なスキルアップが「最強デジコン」
への道

5. セルフブランディングは「人となり」の発信が重要

　デジマ・コンサルタントに限った話ではありませんが、会社の看板ではなく、自分の名前でごはんを食べていくのは、たやすいことではありません。**自分自身が、一人の人間として「仕事を任せられる人間なのか？」「期待する成果を上げてくれる人間なのか」が、いつでもどんなときでも試されるからです。**

　とりわけ「**セルフブランディング力**」は重要です。

　どんなに能力やスキルが高くても、自分自身の強みや魅力をクライアントにアピールできなければ、いつまでたっても仕事を獲得できません。僕自身、前に出るのが得意ではないため、セルフブランディングには苦手意識がありますが、どうにか頑張っています。

　セルフブランディングとは、自分が持っている「強み・魅力・価値」などを発信する宣伝活動です。といっても「何を発信したらいいのかわからない」という方もいることと思います。そこで、自分自身のブランド価値を高め、お客様から「この人にお願いしたい！」と思われるために「発信するとよいコンテンツ」について解説したいと思います。ポイントは2つあります。一つずつ、見ていきましょう。

１．自分の専門領域の「お役立ちコラム（ブログ）」

セルフブランディングのために発信したいコンテンツの一つが**「デジタルマーケティングのお役立ちコラム」**です。

デジマ・コンサルタントである以上、デジタルマーケティングで成果を出せる人間であることを知ってもらわなければなりません。どんなに知識・スキルがあっても、発信しないことには、自分自身の能力・スキルが理解されず、宝の持ち腐れになってしまうからです。**そのため、「デジタルマーケティングの基礎知識」から「現場で役立つ実践的なレッスン」に至るまで、自分の知識をどんどんアウトプットしてください。**

あなたの投稿したお役立ちコラムが読みごたえがあり、参考になったならば、お客様とあなたの間に、目には見えないロイヤリティ（信頼関係）が築かれていきます。そして「この人に相談すれば、自社の課題を解決してくれるだろう」と、期待感が高まります。そして、お客様がにっちもさっちも行かなくなったタイミングで「問い合わせ」が来ます。

「信頼のおけるコンサルタント」というイメージを持ってもらうためにも、あなたが持ちうる知識・スキルを余すことなく放出しましょう。

なお「不動産業界に強いデジマ・コンサルタント」などといった具合に、自分の得意領域があったり、その領域に強いコンサルタントになりたいのであれば「不動産会社がデジタルマーケティングで成功するためのコツ3選」といったお役立ち記事（SEOコラム）を発信するのもおすすめです。

ぜひ、週に1本でもよいので、お役立ちコラムの発信を続けていってください。

お役立ち記事（SEOコラム）の発信例
● デジタルマーケティング関連のSEOコラム
・Googleアナリティクス4を活用する3つのメリット！利用方法も解説
・SEOで重要な「E-E-A-T」とは？評価UPのコツを詳しく解説
・SEOライティングのコツ7選｜初心者向けに簡単5STEPを解説
・SEOキーワード選定の方法！初心者向けにわかりやすく解説
・Googleコアアップデートとは？上位表示のためのコツ・注意点を解説
● 不動産業界関連のSEOコラム
・不動産ランディングページ（LP）の効果的な作り方とデザインのコツ
・おすすめの不動産のDXツール10選！強み・選び方・注意点を解説
・住宅業界でおすすめの集客アイデア10選！集客のポイント5つも解説
・不動産屋として独立するのに必要な資格！開業を成功させる方法を紹介
・不動産会社の開業で即失敗する3つの理由！成功するコツを解説

<table>
<tr><th>お役立ちコラムの発信におすすめのメディア</th></tr>
</table>

お役立ちコラムの発信におすすめのメディア

・ホームページのブログ
・YouTube
・X （旧 Twitter）
・Instagram
・TikTok
・Facebook
・Threads
・LinkedIn
・note

2.「人となり（パーソナリティ）」がわかるつぶやき

　クライアントは「自分の持っている課題」をすぐさま解決できる人を探しています。そのためには「お役立ちコラム」で専門性を伝えることが大切ですが、それと同じくらい大切なことがあります。**それは「人となり（パーソナリティ）」の発信です。**

　そもそも、日本で会社勤めをしてきたサラリーマンなどの方は「自分を前に出す」という習慣がありません。そのため、自己発信は高い壁だと感じている方がほとんどです。ほとんどの人は、発信することが怖いと思い、自己開示をためらってしまうんですね。しかし、勇気を出して、思い切って発信できるか否かで、セルフブランディングの命運を分けます。**100人いたら、97人は発信しない側だからです。とりわけ、コンサルタントは「個人の資質」が問われる商売ですから、発信し、自分のパーソナリティを理解してもら**

うことはとても**重要です**。

　自己発信への壁を突破できたら、集客力は驚くほど向上します。結局のところ、問い合わせが絶えないコンサルタントになれるかどうかは、発信できるか否かにかかっているのです。

　私は毎日、X（旧 Twitter）を使って、デジタルマーケティング関連の豆知識に加えて**「何気ない日常」**をつぶやいています。**具体的には、自分にとって嬉しかったこと、悲しかったこと、たいへんだったこと、つらかったこと、大失敗したことなど、喜怒哀楽の表情を織り交ぜながら「森和吉」がどんな思いで日々を過ごしているのかを発信しています。**

　一つひとつの発信を積み重ねていくなかで、私という一人の人間の「人となり（パーソナリティ）」がにじみ出てきます。インターネットの画面越しとはいえ、親近感が湧いて、心の距離が縮まり、問い合わせのハードルもグッと下がるのです。

　とりわけ、競合となる多くのデジタルマーケターの皆さんは、どうしても専門知識の発信に偏っているように思います。**差別化を図るうえでも、是非、人となりがわかるパーソナルな情報の発信にトライしてみてください。**

　「この人ならば頼みやすそうだな」と思ってもらえたら、一人、二人と、問い合わせが増えていくはずです。私自身、発信のために使っているSNSは「X（旧 Twitter）」「YouTube」です。ホームページからの問い合わせも含めて、発信活動を積み重ねてきたおかげで、月に▲〜▲件ほどの新規の問い合わせを継続的にいただいてい

ます。

　どんなSNSでもかまいません。あなたが日常的に使っていたり、使いやすいと思うメディアでの発信を行ってみてください。

　なお、「ネガティブなことも発信していいの？」と聞かれることがありますが、個人的には負の感情もほんの少しであれば発信してよいと思っています。**誰しも、如来や菩薩ではないのですから、日々のなかで、さまざまな感情を抱き、揺れ動いています。**喜怒哀楽の感情を抱くのは、一人の人間として"当たり前"のことです。喜や楽ばかり発信するのは、やや人間味に欠けると言いますか、その人のパーソナリティが見て取れず、一本調子な感じでつまらなく感じる人もいるのではないでしょうか。

　怒りや悲しみの感情は、蕎麦でいうところ"七味"のようなもので、魅力的なスパイスになると、私は考えています。たまになら、ほんのちょっぴりであれば、負の感情を吐き出すことがあってもよいんだよと、皆さんにお伝えしたいです。

森 和吉｜ウェブ解析士マスター｜チーフSNSマネージャー ✔
@kasu236 ⋯

今週はやばいです。
かなり詰まっていて、時間に追われています。
来週からは専門学校も夏休みなので、少しは余裕ができるかなと期待しつ
つ、駆け抜けます。
意外とねえ...夏休みって短いんですよね。
溜まっている対応をやらなければ...
（実は、待ちに待っていた、夏休みです）
おはようございます。

出典：https://x.com/kasu236/status/1815854404538687904

 森 和吉｜ウェブ解析士マスター｜チーフSNSマネージャー ✔
@kasu236 ⋯

今日、やばいっすね。
外、めちゃめちゃ、モワってて暑いです。。。

自社のことでやらかしました。。
ミスですね。
やっちゃいました。。
ミスがあったから、焦るのではなく、まずはなんとかなるという気持ちと
対応策の洗い出し、優先順位付けと実行ですね。

さて、頑張ります。

出典：https://x.com/kasu236/status/1815256682999767118

 森 和吉｜ウェブ解析士マスター｜チーフSNSマネージャー ✔
@kasu236 ⋯

ちょっと自分を追い込んでいます。
頑張らなければならないですね。
稲もストレスを与えることで立派な稲になるとDASHで見たことありま
す。
そんな状態を期待しています。
おはようございます。

出典：https://x.com/kasu236/status/1813688719028912232

「人となり（パーソナリティ）」の発信で成功したお客様の事例

　印刷工場を経営するお客様から「**新卒採用がうまくいっていない**」という相談を受けました。マスメディアや広告代理店、マーケティング会社のように、わかりやすい華やかさがない業界であることから、毎年エントリーが集まらない状況が続いていたのだそうです。しかし、会社を担っていく若手社員を増やし、活気あふれる会社にしていきたいとの願いから「新卒採用の強化」がミッションとして立ち上がり、私のもとに相談がありました。

　私は手始めに、担当者の中川聡（仮名・男性・40代）さんが行っている「X（旧Twitter）」の投稿を拝見しました。そこで、1〜2ヵ月に数回、ポロポロと、会社のホームページに記載されている「お知らせ」を転記するに留まっていることに気がつきました。

　会社のお知らせが流れているだけでは、会社としての「人となり（パーソナリティ）」が伝わりません。昨今では、企業アカウントも「人となり」を打ち出す投稿で、10万人以上のフォロワーを集めるケースが少なくありません。例えば、シャープは83万フォロワー、キングジムは45.9万フォロワー、わかさ生活の広報部は13万フォロワーといった具合です。「（投稿を手がけている）中の人」は企業のSNS担当者のことを指す言葉としてスタンダード化してます。

　そこで私は、中川さんに「人となり（パーソナリティ）」が伝わる投稿を増やすことを提案しました。何気ない日常、気づき、喜怒哀楽の投稿を行ってもらったのです。それに加えて、印刷業界に興味がある新卒の方に向け「印刷業界の豆知識」や「印刷業界の楽しさ」などについても投稿してもらいました。さらに、会社のホームページには「お役立ちコラム」として「印刷業

界とは」「印刷業界　仕事内容」「印刷業界　稼げる」などのキーワードで引っかかるSEO記事をアップしていただきました。

　いくつかのデジタルマーケティング施策を実行した結果、応募が３人集まり、そのうち２人が内定・入社となりました。さらに次年度は、７人の内定・入社へとつながりました。とても地道な施策であったものの、じわじわと効果が出た好例です。

 まとめ

　セルフブランディングで大切なのは「人となり」の発信

6．クライアントのビジネスモデルを理解しよう

デジマ・コンサルタントとして活躍するうえで、デジタルマーケティングに関する知識は必要ですが、それだけでは、年商1000万円超えのコンサルタントにはなれません。

コンサルタントとして大切なことは、クライアントすらも気づいていなかった潜在的な課題を発見し、その課題をクリアする提案を行うことです。これは、コンサルタントと名のつくすべての職業に必須の能力です。

カギとなるのが「**ビジネスモデルの理解**」です。**ビジネスモデルとは、どんなターゲットに、どんな商品・サービスを、どんな付加価値をつけて、どんな販路で提供し、収益を得るのかを表したものです。**

例えば、あなたが担当するクライアントが「**ワインのサブスクリプションサービス**」を提供する会社で、新規獲得率・リピーター率も低く、集客に悩みを抱えているとしましょう。

「ワインのサブスク会社」の課題
1．新規がなかなか増えない 2．リピート率は「平均3ヵ月」と、すぐに解約されてしまう

お客様のビジネスモデルを理解する場合、基本のビジネスモデルの理解に加えて「**お客様が商品を知ったきっかけ**」「**継続率・リピーター率の割合**」「**自社商品を購入した理由**」「**競合会社**」などについても理解しておくことが大切です。

　ビジネスモデルを深く理解することで、集客のための思わぬボトルネックがあぶり出され、効果的な提案が思いつくことがあるからです。

　さて、ここで、お客様にヒアリングしたり、インターネット上で競合を調査するなどして、ワインのサブスク会社のビジネスモデルをまとめてみたいと思います。すると、次の通りになります。

「ワインのサブスクサービス」のビジネスモデル	
ターゲット	ワインが好きな30〜60代の男女
商品・サービス	ワイン
付加価値	・毎月、ソムリエが厳選した美味しいワインを少量ずつ5種類楽しめる
販路	Web（インターネット経由）
1人あたりの売上	3000円／月額
商品を知ったきっかけ	・リスティング広告 ・ランディングページ（LP） ・Instagram ・ブランドサイト

継続率・リピーター率	平均継続期間は3ヵ月
自社商品を購入した理由	・美味しいワインを飲みたいから ・月額料金が比較的安いから
競合会社のウリ	・A社：バイヤー・ソムリエ厳選の ワイン ・B社：日本で手に入りにくい希少 ワイン ・C社：月額料金が3000円台と安い ・D社：おつまみもセットで届く

　まとめてみると、クライアントのビジネスモデルに対する解像度が一気に上がります。**とても地味な作業ですが、しっかりとビジネスモデルを理解しておくか否かで、その後の提案の精度が大きく変わるため、とても重要な作業なのです。**

　この時点で、次のような「潜在的な課題」に気づけるかもしれません。

1.「コンセプトの再設定」が必要

毎月、ソムリエが厳選したワインが楽しめるという付加価値は、決して特別なものではない。「この会社がいい」と思われるように、をコンセプトとがらせることが必要ではないか。それをブランドサイトに盛り込みたい

2.「お客様とのタッチポイント」を増やした方がいい

商品を知るタッチポイントが少なすぎる。ワインが好きな30〜60代の男女をターゲットにするならば、Instagramだけでなく、ワインに関する知識が深まるオウンドメディアを運用して、知識欲を満たしてあげたい。月に20本ほどSEO記事を量産するのはどうか

3.「リアル交流イベント」の開催も手

継続期間が短いのは「ファン化」がうまくいっていないからではないか。ファンやソムリエ、バイヤー、生産者など横のつながりができる「交流イベント」「リアル試飲会」などを企画してみたらどうか

4.「ワインスクール」の要素を入れる

継続期間が短いのは「継続する理由」がないから。例えば、ワインを飲みながら、ワインについて詳しくなれる「ワインスクール」の要素を盛り込んだらどうか。小冊子でよいので、テキストや解説書をつけるとよい。独自の「資格制度」を構築するのもよいはず

5. ランディングページ（LP）の改修

現状のブランドサイトは、安さばかり押されていて、サービスの「強み」や「選ばれる理由」がほとんど伝わらない。ワインに興味がある人は、一定の収入があるため、「安さ」よりも「サービスの満足度」を求めるはず。ランディングページでは「お客

様の声」や「希少ワインが飲める」ことなど、このサブスクサービスならではの「付加価値」をしっかりと訴求したい

6．ワインに合う「一口おつまみ」をプレゼントする
ワインだけを飲む生粋のワイン好きもいるが、ワインと食事・おつまみとのマリアージュを楽しみたい人も多いはず。そのため、燻製チーズや珍味なども少量でよいので一緒に届けたらどうか

　ビジネスモデルを整理することで、お客様さえも気づいていなかった「潜在的な課題」が浮き彫りになります。**その潜在的な課題を解決する提案が「集客上の課題」を解決するヒントになるのです。**

　私の場合、お客様から依頼を受けたら「自分なりの気づき」をバーッとメモ帳に書き出します。**アナログですが、あえてペンを使って手作業で書き出すことで、次から次へと「改善アイデア」が湧き水のようにあふれ出してくるからです。**課題の発見を行う場合には、ペンを走らせて、脳に刺激を与えながら作業するのがおすすめです。

まとめ

　ビジネスモデル理解で「集客UPのヒント」が湧き水のようにあふれ出す

7. 未知の問題は「横のつながり（専門家）」で解決

　ここまでの話を聞いて「デジマ・コンサルタントは何もかも知っているスーパーマンのような存在だ」と思った方がいるかもしれません。**しかし、その感想は半分合っていて、半分間違っています。**

　たしかに、デジマ・コンサルタントは、幅広いデジタルマーケティング知識があり、ディレクションができる優れたコンサルタントですが、**弱点なしではないからです。**

　私自身、デジタルマーケティングに関する資格を取得したり、勉強会やセミナーに参加したり、セミナー講師として登壇するなかで、さまざまな知識を身につけてきましたが、デジタルマーケティング全般をぬかりなく熟知しているわけではありません。**デジマ・コンサルタントは「学びながら成長する」が大前提の職業なのです。**

　そのため、ときには、インターネットで調べて、実情について理解し、お客様にアドバイスを行うこともあります。しかし、それでは、ものすごく時間がかかりますし、場合によっては、得たい情報が得られなかったりして非効率です。とりわけ、デジタルマーケティングの場合、情報の鮮度が命ですから、数ヵ月後には、自分が知っていたツールの機能がなくなったり、逆に増えたりして、正確

な情報提供ができず、壁にぶち当たってしまうこともあります。中途半端なノウハウしか持っていないのに、中途半端な提案を行ってしまうのは、一番避けたいことです。

そのため「専門家との横のつながり」を深めておくことが非常に重要です。私の場合、3ヵ月に1回は、新しい講座・セミナー・サロンを受けています。そこで、新しいノウハウを吸収して、自分の知識・経験の軌道修正・アップデートしつつ、**各分野で活躍しているエキスパートの方々と知り合いになり"助け合えるつながり（パートナーシップ）"を育んでいます。**横のつながりができると、学びが深まりますし、時には案件の助っ人として、サポートしてもらうこともあります。

どうしてもわからない分野の問題は、そもそも受けないというのもありですが、横のつながり（専門家）の力を借りて、問題可決に取り組むのも一つの手なのです。それが、あなた自身の知識の獲得・スキル向上になり、お客様に提示できるカードを増やすことにもつながります。

まとめ

専門外の相談は「その道の専門家」とタッグを組むのがベスト

CHAPTER 3

全てのデジコンの必修科目！
禁断の行動心理学5選

デジマ・コンサルタント森からの
"ワンポイント・アドバイス"

　マーケターの多くは自覚していないが、デジタルマーケティングには「行動心理学」のエッセンスがふんだんに盛り込まれている。それは、お客様との「コミュニケーション」にも応用できることを知っておいてほしい。

「行動心理学」を知らないデジコンは生き残れない

　「新規登録者限定！ －5歳肌を叶える『シークレット動画』を無料プレゼント！」

　「美容セミナー参加者限定！　有名美容家による『相談チケット』プレゼント！」

　ホームページやLP（ランディングページ）、メールマガジン、LINEのステップ配信を見ていると、このようなキャッチコピーを目にすることがあります。こういったキャッチコピーを見たときに、あなたはどんな感想を抱くでしょうか？　自分のアンテナに引っかかる最新情報であったり、自分の抱えている悩みを解決してくれそうな情報に思えたら、「会員登録してみようかな」「セミナーに参加してみようかな」などと思うかもしれません。

　さらに、無料のシークレット動画を閲覧したり、リアルセミナーに参加したり、ユーザーを限定した特別相談会に参加するなかで、そのブランドに対する興味がより一層、高まっていくかもしれません。そして、数万円する高額な美容液を、気づいたら"ポチってしまう"かもしれません。

ここであなたに質問です。

なぜ、最初は買う予定がなかったのに、高額商品を購入してしまう人が後を絶たないのでしょうか？

さまざまな回答が考えられますが、一つのアンサーは「**人間の行動心理学として『返報性の法則』が働くから**」です。

「返報性の法則」とは、何かをしてもらったら、お返しに何かをしてあげたくなる行動心理です。

プレゼント（フロントエンド商品）をいくつも受け取ると「受け取ってばかりで申し訳ないな」という気持ちが、少しずつ醸成されていきます。

この"申し訳ない"という感情のなかには、相手に対する「信頼感」「親しみ」「感謝の気持ち」も含まれています。このポジティブな感情の積み重ねが、バックエンド商品であるカウンセリング美容液の購入という「返報行動」につながるのです。

一流のマーケターの頭の中には「行動心理学」の原理原則がぎっしりと詰まっています。そして、必要な場面で、必要な"心理作戦"を展開し、集客につなげているのです。

大切なのは、行動心理学を頭にインプットしておき、いつでも引き出せるようにしておくことです。購買意欲を高める手札をいくつも持っておけば、成果を出せる確率がグンと高まるからです。

本章では、デジタルマーケティングに応用できる行動心理学を厳

選してご紹介します。この知識は、超デジタル時代の今を、トップコンサルタントとして生き抜く「最強の武器」となります。

皆さんが「なんとなく知っていた」「なんとなく使っていた」打ち手の多くは、行動心理学による裏付けがあるものが少なくありません。ここで改めて、行動心理学に裏打ちされた打ち手を頭にインプットし、必要な場面で必要な打ち手を繰り出せるようにしましょう。

とりわけ、本章では「コミュニケーション場面」で使える行動心理学も取り上げます。ここで紹介する行動心理学は、セールスや顧客とのネゴシエーション（交渉）にも役立ててみてください。

 まとめ

行動心理学はデジマ・コンサルタントとして持っておきたい"最強の武器"

①何かされるとお返ししたくなる「返報性の法則（ギブ・ストーキング）」

行動心理学①：返報性の法則（ギブ・ストーキング）

● マーケティングの打ち手例

- ・「不動産セミナー（無料）」にご招待
- ・カウンセリング化粧品の「お試しセット」を特別価格でプレゼント
- ・顧問弁護士への「初回相談（1時間）チケット」を無料でプレゼント

●「セールストーク」ではこう使える！

- ・「初回は30分間無料で、御社のお悩みを解決するアドバイスをします」
- ・「YouTubeで限定公開しているシークレット動画をプレゼントします」
- ・「この前ご相談いただいていたおすすめのDXツールの情報です」

・「返報性の法則（ギブ・ストーキング）」とは？

「返報性の法則」とは、相手に何かしてもらったら、自分もお返しをしたくなる心理のことです。

デジタルマーケティングにおいて「返報性の法則」はとても重要度の高い行動心理学で、私自身も頻繁に活用しています。前著では**「ギブ・ストーキング」**というネーミングをつけて、その重要性を説きました。ギブ・ストーキング、つまり「ストーカー並みにギブしまくれ！」ということですね。

　例えば、化粧品会社さんがカウンセリング化粧品を売りたいならば「無料プレゼント」や「ここだけの特別な情報」を出し惜しみせずに提供するのがおすすめです（カウンセリング化粧品とは、肌の状態や悩み・解決したい肌トラブルなどに合わせて提供される化粧品のことです）。

化粧品会社のギブ・ストーキング例

・「肌トラブルを解決する食事アドバイス」の冊子をプレゼント
・AIによる「5タイプ別！肌年齢＆肌質診断」を無料で試せる
・有名美容家による「美容セミナー」を特別価格でご招待
・有名サロンとコラボした「美肌パック」を1週間分プレゼント
・初回は無料で「お肌のお悩み相談室」を利用できる

・「セールストーク」ではこう使える！

　返報性の法則（ギブ・ストーキング）は、デジマ・コンサルタントが新規顧客を獲得するセールストークの一つとしても、たいへん有効なものです。

一例として「初回無料コンサルティング」が挙げられます。

あなたのホームページやSNS経由で、お客様から問い合わせがあったら、無料で30分間、コンサルティングを行うものです。お客様が抱えている悩みを聞き、その場でズバッと、いくつかの解決策を提示してください。

セールストークは「初回は30分間無料で、御社のお悩みを解決するアドバイスをします」です。至ってシンプルですね。

人によってセールス方法はさまざまですが、私の場合は、初回無料コンサルティングで、一切出し惜しみをせず、自分が持っている知識・ノウハウ・経験を提供しています。つまり、初回の無料相談でいきなり、「集客の課題解決」につながる"直球かつ本質的なコンサルティング"を差し上げるのです。現在、私のコンサルティング・フィーは「5万円／1時間」に設定しているため、2万5000円相当のプレゼントを提供する計算です。

ここで、悩みを聞いてくれた、自社の課題解決につながる提案を行ってくれたという体験を提供することで、お客様にポジティブな印象を残すことができます。その結果、契約率がアップします。

繰り返しになりますが、最も大切なのは「出し惜しみしない」ということです。契約前のお客様であっても「大切な一人のお客様」という気持ちで、相手の相談に耳を傾け、問題可決につながる提案を行いましょう。

まとめ

心の距離を縮める秘策は「返報性の法則（ギブ・ストーキング）」

②禁止されるとやりたくてたまらなくなる「カリギュラ効果」

<table>
<tr><td colspan="1">行動心理学②：カリギュラ効果</td></tr>
</table>

● マーケティングの打ち手例

- 「本気で－5kg痩せたい人以外は絶対に買わないでください（ダイエットグッズ）」
- 「本気で合格したい人以外は入塾しないでください（受験塾）」
- 「彼女を作りたい人以外はご退出ください（女性を魅了する香水）」

●「セールストーク」ではこう使える！

- 「当社だけで決めないでください。他社ともぜひ、比較してみてください」
- 「すぐに決断する必要はありません。ひとまず社内の声や反応を聞いてみてください」

・「カリギュラ効果」とは？

　「カリギュラ効果」とは、禁止されるとかえってやってみたくなるという行動心理です。

カリギュラ効果で代表的なのは、昔話の『浦島太郎』です。浦島太郎は、乙姫さまから「決して開けてはならない」と言われた玉手箱を開けて、おじいさんになってしまいました。一方、『鶴の恩返し』では、「機織りをしている間は、決して見ないでください」と言われたにもかかわらず、おじいさんとおばあさんは、機織りをしていた娘の様子を覗いてしまいました。その結果、娘に化けていた鶴は飛び立ってしまいます。

　実は、カリギュラ効果は、昔話にも頻繁に登場する心理効果なのです。**やってはいけないと言われるほど、やってみたくなる、あなたにもそんな経験はありませんか？**

　デジタルマーケティングの世界でも、カリギュラ効果は大活躍しています。

　例えば「**本気で－5kg痩せたい人以外は絶対に買わないでください**」といったキャッチコピーをご覧になったことはありませんか？　これは、ダイエットグッズなどのランディングページ（LP）などで頻繁に目にする謳い文句です。このようなキャッチコピーを見て、どのような気持ちになるでしょうか？　**感じ方はさまざまだと思いますが「冷やかしではない、本気の人向けのダイエットグッズなのかもしれない」**と思う方もいるのではないでしょうか。このように、カリギュラ効果は、商品・サービスの"本気度"や"真実味"を高める効果があります。これから、デジマ・コンサルタントとして活躍していきたいならば、覚えておいて損のない技の一つです。

　カリギュラ効果をよく使うシーンは、お客様に自社の魅力・強み・ウリなどを伝えるときです。私自身は、こんなふうに伝えています。

　「いろいろとお伝えさせていただきましたが、デジタルマーケティングは企業の売上を左右する大事なものですから、当社だけで決めないでください。ぜひ、ほかの代理店さんとも比べてください。ご検討のうえ、必要があれば、お力になりますので」

　受注したいのであれば「今すぐ、当社の商品を買ってください！」と言いたいところです。場合によっては「期間限定キャンペーン中なので、今月中ならば初月無料です！」などと飴を配る手法もよく見かけます。

　それでもあえて「どんどん、他社と比べちゃっていいですよ」と伝えるものですから、先方からは度肝を抜かれます。「え、どういうこと？」なんて顔をされることも少なくありません。珍しがられる確率が8割超えです。

　しかし、その一言で、私のコンサルティングに対する自信が伝わってくるのか、興味を持って話を聞いてくださるケースが多いです。

　私自身は「カリギュラ効果を狙ってやろう」なんて意図は一切ありませんでした。1社では決めきれないはずだというお客様の心理に寄り添ったときに、この一言が飛び出したのです。

　「カリギュラ効果」も、デジタルマーケティングの場面のみなら

ず、セールスの場面でも有用な心理効果だと思います。

 まとめ

　『浦島太郎』も『鶴の恩返し』も「カリギュラ効果」
だった

③接触すればするほど好きになる！「ザイオンス効果」

<table>
<tr><td colspan="2">行動心理学③：ザイオンス効果</td></tr>
<tr><td colspan="2">● マーケティングの打ち手例</td></tr>
<tr><td colspan="2">・繰り返し何度も表示される「リターゲティング広告」
・YouTube、Instagram、メルマガ、LINE公式アカウントなど「タッチポイント」を増やす
・セミナーだけでなく1:1の「個人セッション」「個別相談」を複数回行う</td></tr>
<tr><td colspan="2">●「セールストーク」ではこう使える！</td></tr>
<tr><td colspan="2">・「ご無沙汰しています。最近、富士山に登ったんですね！」
・「YouTube配信始めました。お時間ありましたら視聴してみてください」</td></tr>
</table>

・「ザイオンス効果」とは？

　「ザイオンス効果」とは、あらゆるタッチポイントで、商品・サービスと接することで「好感度」「親近感」「信頼感」などが高くなる心理効果です。

　ちょっと意外なところですが「アイドルの推し活」は、わかりや

すい事例かもしれません。

　ある女性が、旧知の友人との他愛もないおしゃべりをするなかで、友人が推している「男性アイドル」の存在を知ります。最初は気にしていなかったものの、何気なくその男性アイドルのことが気になってInstagramでチェックしたら、好きになってしまった。それから、Instagramだけでなく、X（旧Twitter）をフォローして、日々の発言をチェックするように。さらにライブに行ったり、ライブグッズを肌身離さず身につけるなかで、友人と同じように、男性アイドルにハマってしまった……なんて話はよくあるエピソードだと思います。

　この事例の女性は、男性アイドルとの接触機会が増えるなかで、どんどんアイドル沼にハマっていきました。それはまさに「ザイオンス効果」で説明できる現象です。

　デジタルマーケティングの現場では「リターゲティング広告」がザイオンス効果を理解するうえで最もわかりやすい事例です。例えば、気になっているダイエットグッズがあったとします。そのダイエットグッズが、バナー広告などで、幾度となく表示されると「購入する」という意思決定を後押しする場合があります。**それは、何度も接触するなかで「好感度」「親近感」「信頼感」が醸成されるからです。**

　「ザイオンス効果」は、デジタルマーケティングの基本方針と言っても過言ではありません。デジタルマーケティングにおける「認知→検討→購入」のプロセスにおいて、途中で離脱させず、接触機会

を多く持ち、購入という判断に導くまでの流れは「ザイオンス効果」そのものだからです。ぜひ頭に入れておきましょう。

・「セールストーク」ではこう使える！

「ザイオンス効果」は、デジマ・コンサルタントが案件を獲得するセールスの場面でも有用な心理効果です。

これは個人的な印象なのですが、多くのマーケティング会社さんや広告代理店さんって、セールスの場面では意外なくらいあっさりしているんですよね。 1回の商談で伝えられることは限られていますが、1回の商談で「御社にお願いします」などと言われることはほぼありません。自社の重要なデジタルマーケティング施策ですから、そう簡単に決められないのは当然です。その点を踏まえたうえで、私は、数週間～数ヵ月後に**「あの案件、解決しましたか？」**などと言った具合に、気軽な感じでコミュニケーションを取ることを心がけています。

先方も忙しかったり、会社の稟議が止まったままだったりすると、こちらの提案が二の次になってしまうことはザラです。ですから、そこで相手の意識を改めてこちらに向かわせることで「デジマ・コンサルタントの森」という存在を印象づけています。

場合によっては、FacebookなどのSNSでつながることもあります。そして、軽い挨拶がてら、メッセージを送ります。例えば、次のような内容です。

「ご無沙汰しています。あれから、状況はいかがでしょうか？
Facebookを拝見したのですが、最近、富士山に登ったんですね。
登頂、おめでとうございます！　僕も運動不足を感じているので、
今度ご一緒できたら嬉しいです。こちらの近況ですが、実は最近、
新しく〇〇サービスを開始することになりました。興味がありまし
たら、チラッと覗いてみてください。山田さんと出会えたのも一生
もののご縁だと思っていますので、困ったことがありましたら、い
つでもご相談ください」

　こんなふうに何気ない日常会話をきっかけに、お客様の興味が復
活することが少なくありません。自分が気になったお客様の場合、
たとえ一度断られたとしても、簡単にはあきらめません。他社と比
較検討のうえ、納得感を持って契約してもらいたいという気持ちは
ありますが、なるべく「ペンディング（保留）」にはならないよう
にしたいものです。

　もしも「今回は残念ですが……」と断れたら、断られた理由を聞
くようにしています。**その理由が「コンサルティング費用」なのか
「タイミングが合わなかったのか」などによって、後々の打ち手は
いくらでも考えられるからです。**お客様からいただいた返答を踏ま
えて、まだ可能性がありそうならば、3ヵ月に1回くらいの頻度で
「最近、どうですか？」などと連絡を入れるようにしています。す
ると、潮目が変わって、「お願いしたいことがあるんだけど……」
などとお声がけいただけることもあります。「泥臭いな」と思うか
もしれませんが、安定した収益を確保するためには、セールスは避

けて通れないものなのです。

まとめ

沼れば沼るほど"大好き"になる推し活女子の心理は「ザイオンス効果」

④ 「90％が効果を実感」で買いたくなる「バンドワゴン効果」

行動心理学④：バンドワゴン効果
● マーケティングの打ち手例
・「口コミランキング」「満足度ランキング」ともに１位を獲得！ ・サービス開始以来、累計ユーザー数が１万人を突破！ ・商品を買った90％のお客様が「たいへん満足」「満足」と回答！ ・ホームページに「お客様の声」を掲載する
●「セールストーク」ではこう使える！
・「不動産業界のお客様の解約率は０％です」 ・「これまで、集客アップにつながったお客様の割合は90％です」 ・「お陰様で、現在の取引先は、ご満足いただいたお客様からのご紹介が70％以上です」

・「バンドワゴン効果」とは？

　「バンドワゴン効果」とは、多くの人が選ぶ商品・サービスを「魅力的」だと感じる心理効果です。

　一言で言えば「勝ち馬に乗る」です。勝負事があったが、判断し

きれない場合、リスクヘッジも踏まえて、勝ちそうな側について恩恵を得ようとするのはよくあることです。この行動心理こそが「バンドワゴン効果」です。

「口コミランキング」「満足度ランキング」「ユーザー数」などの活用は、非常に効果的なデジタルマーケティング施策の一つになります。バンドワゴン効果を活用するには、商品・サービスに対するユーザーによる「口コミ」を積極的に集めるのが王道です。また、比較サイトなどに商品・サービスを登録して、既存ユーザーに口コミ投稿を依頼するのもよいと思います。

・「セールストーク」ではこう使える！

「バンドワゴン効果」は、一定レベル以上の実績がある場合に使えます。

私の場合は、不動産・不動産投資分野でのデジタルマーケティングの実績が豊富で、実際に成果を上げている事例を出しつつ「**不動産・不動産投資会社様の解約率は０％**」であることをお伝えしています。事業撤退、事業縮小、新規のマーケティング担当者の入社など、会社の状況の変化による解約はあっても「効果が実感できない」「話が違う」といった理由での解約は過去５年間で一度もありません。

バンドワゴン効果を活用する際には「ありのままの事実」を伝えるのがよいです。謙遜して低く見せたり、盛ったりすることもなく、ストレートに伝えることで、事実だけがお客様の頭にインス

トールされるからです。

　実績がない場合には、どんなに小さなものでもよいので、実績を作ることから始めてみましょう。2章で紹介した奥村洋平さんのように、無料で集客コンサルを始めるのもよいです。集客の成果を上げられたら、お客様にインタビューして「お客様の声」を作りましょう。満足度の高いユーザーボイスをホームページに載せれば、あなたの実力をアピールする"最高の材料"になります。

 まとめ

　"勝ち馬に乗りたい日本人"の心理を突いた「バンドワゴン効果」

⑤説得力は「ビタミンC３g＜ビタミン C3000mg」の「シャルパンティエ効果」

行動心理学⑤：シャルパンティエ効果

● マーケティングの打ち手例

・「ビタミン3000mg配合ドリンク―肌あれの悩みを感じる方に」
・「大学受験オンラインスクール―１日換算200円で有名講師の 授業を受け放題！

●「セールストーク」ではこう使える！

・「１日換算1000円でお客さんが２倍になるなら、興味ありま せんか？」
・「新人のデジタルマーケターを１人雇ったら年間600万円で す。それならば、最初からプロを雇った方が経済的で効率的 ではないですか？」

・「シャルパンティエ効果」とは？

　「シャルパンティエ効果」は、体積が大きいもの、小さいものが あった場合、大きいものの方が軽いと感じる心理効果です。例え ば、綿１kgと鉄１kgでは、同じ重さにもかかわらず、鉄１kgの方 を「重い」と錯覚してしまう人が多いのです。
　シャルパンティエ効果は、フランス人の医師・シャルパンティエ

さんが、ものの大きさと重さの関係において生じる錯覚の実験を行ったことで明らかになったものです。

　マーケティングの世界では、このシャルパンティエ効果から派生して「単位変換マジック」として応用されています。

　例えば栄養ドリンクのパッケージがあった場合、「ビタミン3g」と「ビタミン3000mg」では、どちらの伝え方がよりビタミンの豊富さを伝える表現になっているでしょうか？　**多くの方は「ビタミン3000mg」を選ぶはずです。**3000mgのほうが0が3つと桁数が多く、「ビタミンがいっぱい摂取できそうだな」というポジティブな印象を抱くからです。「ビタミン3g」というパッケージを見たら「それって多いの？　少ないの？」と感じるでしょう。

　このように、まったく同じことを伝えたとしても、表現の仕方によって、伝わり方は大きく異なります。その事実を踏まえて、適切な伝え方を意識することで、集客や売上の結果が大きく変わってきます。

・「セールストーク」ではこう使える！

　「シャルパンティエ効果」は、デジマ・コンサルタントが新規顧客を獲得する場面でも、とても有用な心理効果です。

　例えば、飲食店向けにGoogleビジネスプロフィールを使ったMEO対策（Googleマップ上で飲食店の名前を上位表示させる）のコンサルティングを「10万円／3ヵ月」で提案したとします。そ

の場合、宣伝にお金をかけたことがない飲食店だと「ちょっと高いんじゃない」と難色を示すことがあります。10万円という金額は、多くの飲食店にとって、ややハードルが高いのです。

　そんなときには、シャルパンティエ効果の「単位変換マジック」を使うのがおすすめです。シャルパンティエ効果を踏まえて、伝え方を工夫してみるのです。例えば、次の通りです。

　「多くの人は、飲食店を探す際にGoogleマップを参考にしています。例えば焼肉を食べたいならば、『渋谷　焼肉』などと検索して、口コミ評価の高いお店に行くのです。このMEO対策をするだけで、売上が2倍になったお客さんが大勢います。**3ヵ月で10万円のご提案ですが、1ヵ月あたりだと3万円ほどです。1日換算だと1000円です。**1000円ならば、御社の顧客単価を踏まえても、それほど大きな投資ではないように思います。**もしも、1日1000円の投資で、お客さんが2倍になるとしたら、試してみる価値があると思いませんか？」**

　以上の通り**「3ヵ月で10万円」のコンサルティングを「1日1000円ちょっと」のコンサルティングに置き換えると、印象や伝わり方は大きく変わります。**伝え方の単位を少し変えただけですが、グッと「お得な提案」に見えます。このようにして、セールスの場面でも、シャルパンティエ効果はたいへん有用な心理効果の一つなのです。

　また、お客様に、包括的なコンサルティングの提案を行うときに

も、シャルパンティエ効果が使えます。例えば、あなたが月 20 万円で、デジマ・コンサルティングの提案を行ったとします。その場合、次のような伝え方をすることで、お得感が最大限に伝わります。

「既にご存知のことと思いますが、昨今では、デジタルマーケターの市場価値がうなぎ登りに上がっています。未経験だとしても、新人のデジタルマーケターを 1 人雇ったら、年間で 400 万円ほどの費用がかかります。大前提として、採用・教育に時間がかかるうえ、芽が出るかも未知数です。それならば、プロを雇った方が経済的で効率的かもしれません。**私の場合、年間 240 万円で、御社のデジタルマーケティング全般のご提案ができるため、かなり"お買い得"です**」

「経験のあるデジタルマーケターの場合、年収 500〜800 万円ほどが相場ですが、どれだけのスキルがあるかは、フタを開けてみないとわかりません。私の場合、不動産業界のデジタルマーケティングの経験が豊富でして、過去に年間で 1000 人以上の集客に成功したことがあります。**それでも、当社のコンサルティングならば、年間 240 万円です。とっても"お値打ち"ではありませんか？**」

単に 240 万円の提案と聞くと「高いのか安いのかわからない」と思うでしょう。ここで、デジタルマーケターの年収を引き合いに出すことで、お得に感じられるのです。「コンサルティングの価値が伝わりづらい」と感じたときには、シャルパンティエ効果を駆使して伝えてみてください。

まとめ

　受注率が大幅アップする魔法のテクニック「シャルパンティエ効果」

CHAPTER 4

「1人目の顧客」獲得までに やるべきアクションとは？

デジマ・コンサルタント森からの
"ワンポイント・アドバイス"

　「一人目の顧客」を獲得するまでに「ホームページ」と、営業のための「プロフィール資料・提案資料」を用意しておきたい。2つの媒体を通して、あなたの"ブランド価値"を最大限アピールしよう。

デビュー戦の勝敗は「事前準備」が9割

　2章では、未経験の方が、デジマ・コンサルタントとして独り立ちするために押さえたいポイントを**「年商1000万円稼ぐデジマ・コンサルタント7原則」**としてご紹介しました。

年商1000万円稼ぐデジマ・コンサルタント7原則
1．「パノラマ・デジマ地図」を頭に叩き込む
2．「得意な業界・マーケティング分野」をつくる
3．自信獲得のために「1万円／月額」で実績を作ろう
4．「学び」に投資し続ける
5．セルフブランディングは「人となり」の発信が重要
6．クライアントのビジネスモデルを理解しよう
7．未知の問題は「横のつながり（専門家）」で解決

　続いて、コンサルタントデビューのための「準備」について解説します。つまり「一人目の顧客」獲得に向けた下ごしらえです。

先に結論をお伝えします。コンサルタントデビューのためには、次の2点を準備しておくことを強くおすすめします。

コンサルタントデビューのための準備

1．デジマ・コンサルタントの「ホームページ」を開設する

2．「プロフィール資料」と「提案書」を用意しておく

1．デジマ・コンサルタントの「ホームページ」を開設する

まず、自己紹介のためのホームページを開設します。ホームページを用意しておけば、お客様は、あなたのビジョン、考え方、人となりがわかり、より安心感を持って依頼できるからです。

と言っても、難しく考える必要はありません。昨今では、デザインを選び、テキストを入れるだけで簡単にホームページを開設できるからです。**大切なのは「何を伝えるか」です。**本章では、ホームページに盛り込むとよい重要ポイントをお伝えします。

2．「プロフィール資料」と「提案書」を用意しておく

2つ目は「プロフィール資料」です。これは、「自分はどんな人間で、どんな実績があり、どうお役に立てるのか？」をお客様に伝える資料です。独立系コンサルタントの場合、会社の看板がありません。**コンサルタント本人が「看板商品」ですから、自分自身の価値をしっかりと訴求するプロフィール資料を準備しておくことが大**

切です。新規獲得において、プロフィール資料の重要性は非常に高いと言えるでしょう。

　また、顧客向けの「提案書」のたたき台も作っておきましょう。提案の流れはある程度決まっているため、提案書のたたき台を用意しておけば、毎回作り直さなくて済むからです。作業効率がグンと上がります。本章では、作り方の手順を詳しく解説します。

まとめ

　デジマ・コンサルタントの3種の神器「ホームページ・プロフィール資料・提案書」

そもそも、デジマ・コンサルタントを求めるのはどんな人？

本章のテーマは「ホームページ・プロフィール資料・提案書」の作り方ですが、その前に「**デジマ・コンサルタントを求めるのはどんな人なのか？**」を知っておくのがおすすめです。

どんな人物が、どんな課題を抱えるなかで、デジマ・コンサルタントに依頼するのかを理解しておくと、相手に刺さるコンテンツを組み立てやすくなるからです。ぜひ、参考にしてみてください。

デジマ・コンサルタントを求めるペルソナ（お客様）

・年齢　45歳

・最終学歴
　岩手大学経済学部

・家族構成
　3人家族（妻、子供＝3歳の男の子）／結婚5年目／妻と共働き

・住所／最寄り駅
　東京都江東区／都営新宿線大島駅

・その他
　3年前に江東区で築古のマンション（3LDK）を購入済み

・職業
　新築・分譲住宅を提供する不動産会社

・勤務地／勤続年数
　荻窪（電車通勤）／19年（新卒から勤務）

・役職
　　経営企画室　デジタルマーケティング部　リーダー

・状況
　1年前、経営企画室にデジタルマーケティング部が新設された。ペルソナはデジタルマーケティングに関心が高いため、同部署に異動となった。日頃は、オウンドメディア・メールマガジン・リスティング広告・ブランドサイトを中心に、企画・ディレクションを担当している。社内体制として、制作はすべて外注している。

　デジタルマーケティングに関心があるものの、まだわからないことが多く、無料セミナーを受講しながら知見を深めている。お昼休みには、奥さんが作った弁当を食べながら、ブログやマーケティングメディアを閲覧している。YouTubeは懐かしいテレビ番組を中心に見ている。好きなテレビ番組は『NHKスペシャル』。ビジネスでつながった人とはFacebookでつながっている。

・課題
　会社の売上UPのためには、デジタルマーケティングの推進が重要だと、ペルソナは理解している。しかし、会社全体としては、デジタルマーケティングの重要性が浸透しきっておらず、予算がそれほど多くない状況である。
　現状、デジタルマーケティングに詳しい人間が社内に一人もいない。制作は外注で問題ないため、パートナーとして「デジタルマーケティングの戦略を立てられる専門家」を迎え入れたいと考えている。
　なお、会社の決裁者は、経営企画室の室長である。ペルソナは室長に対して、デジマ・コンサルタントとのコンサルティング契約に関する稟議申し立てを行う重要な立場である。

言うまでもないことですが、あなたが実際に相対するお客様は、まったく違った年齢・立場・役職の人かもしれません。その場合には、ざっくりとペルソナ像を書き留めておくとよいでしょう。提案書を提出する際にも、コンサルティングをする際にも、相手の立場を踏まえたアプローチができるようになります。

 まとめ

　ペルソナ設定で「刺さるコンテンツ」を組み立てやすくなる

デジマ・コンサルタントの「ホームページ」を開設する

　続いて「**ホームページ**」を作りましょう。

　無料・有料問わず、デザインとテキストを選ぶだけでサクッとホームページ作成ソフトを活用するのが一つの手です。1日もあれば、自分専用のホームページを開設できます。しっかりとしたホームページが欲しい場合には制作会社に依頼するのもありですが、まずは簡単なものでよいので、必要な情報がまとまったホームページを開設しておきましょう。

　ホームページを開設するうえで大切なのは、デザインなどの見栄え以上に「何を伝えるか」です。ここでは、ホームページに掲載したいコンテンツと押さえるべきポイントについて解説します。一つずつ、見ていきましょう。

ホームページに掲載したいコンテンツ
1．会社概要 2．事業内容 3．代表の想い 4．お知らせ 5．メディア掲載 6．ブログ 7．問い合わせフォーム

1．会社概要

　意外と軽視されがちなのが「会社概要」です。「名前と連絡先さえ載せておけばいいんでしょ？」と思われがちですが、お客様は意外と会社概要をじっくり見ているものです。**これから取引しようとしている相手が「信頼のおける人間なのか」を見極めたいからです**。そのため、会社概要は、おろそかにせず、しっかりと情報を盛り込むようにしてください。例えば、次の通りです。

会社概要の記載例	
会社名	株式会社吉和の森 （YOSHIKAZUNOMORI, LTD.）
代表取締役	森　和吉
設立	2019年11月6日
資本金	1,000,000円

所在地	・東京オフィス 〒 105 − 0013 東京都港区浜松町 　　2 − 2 − 15 浜松町ダイヤビル 2F ・渋谷オフィス 〒 150 − 6139 東京都渋谷区渋谷 　　2 − 24 − 12 渋谷スクランブルスクエア 　　39F
事業内容	デジタルマーケティング Web サイト制作 IT コンサルティング インターネットメディア運営
連絡先	info @ yoshikazunomori.com
取引銀行	みずほ銀行 りそな銀行 楽天銀行 GMO あおぞらネット銀行
顧問弁護士	TECH GOAT PARTNERS 法律事務所 （新井総合法律事務所）
顧問税理士	税理士法人 will

	ウェブ解析士協会 東京商工会議所 アナリティクスアソシエーション フリーランス協会 青森県DX総合窓口 青森県クロステック研究会 八戸商工会議所エキスパートバンク（専門家派遣員） 特定商取引法に基づく表記/クレジットカード （別リンクで詳細を表示）
所属団体	

2．事業内容

　事業内容は「提供サービス」を記載するコンテンツです。「サービス概要」を記載するだけではなく、次に挙げるポイントを押さえてください。**お客様は、自社の課題を、想定しうる予算内で解決してくれそうな会社に相談したいからです。**

・悩みの訴求
「こんなことに困っていませんか？」というお客様への投げかけ
・成果・成功事例
どれだけの実績や成功事例があるのか
・サービス内容
当社ならば、どんなコンサルティングで力になれるのか
・コンサルティング費用
どれくらいの費用感で依頼できるのか

上記の４点が伝われば、あなたのコンサルティングサービスの強みや他社との違い（差別化ポイント）が伝わり、問い合わせ率がUPします。

3．代表の想い

　個人的に、最も重要度が高いと思うのが「代表の想い」です。あなたなりの価値観・情熱・意気込みを「代表の想い」として、余すところなく伝えましょう。

　デジタルマーケティング業界には、"エキスパート"や"プロフェッショナル"と名高い先生方がいらっしゃいますが、それでも、全員が全員、高名な先生に「当社のデジタルマーケティングを見てください」と頼むわけではありません。

　直感的に「この人に任せれば、問題を解決してくれそうだ！」「自社に必要なのはこの人だ！」と思える人に依頼するものです。

　人と人との出会い、それが偶然なのか、必然なのかは、神のみぞ知ることです。しかしながら、人はひょんなきっかけで、何十億人もの人のなかから、誰かと日々、出会い続けています。

　結局のところ、なんらかのご縁でつながった糸が断ち切れてしまうのか、つながり、より強く深い縁で結びつけられていくのかは、デジマ・コンサルタントの"あり方"次第なのです。それは、一人の人間としてにじみ出てくるパーソナリティであったり、素直さ、やる気、情熱、真摯さです。だからこそ「代表の想い」に、あなたの考えを思いっきりぶつけてほしいのです。

「代表の想い」は、なるべくライターを使わず、ご自身の言葉で紡いでいただきたいのですが、何から書けばいいのかわからないと思います。**そのため、「代表の想い」を書くためのワークシートをご用意しました。次の質問に答えれば、あなたらしい「代表の想い」ページのコンテンツを作ることができます。**ぜひ、お試しください。

「代表の想い」を作るためのワークシート
1．あなたは「デジマ・コンサルタント」になって、人々のどんな悩みを解決して、どんな世の中に変えていきたいですか？ 2．あなたが「デジマ・コンサルタント」として、大切にしている想いを教えてください。 3．「これまでの仕事」や「デジマ・コンサルタント」に関する経歴・実績・資格を書いてください。

　また、ある程度の費用がかかりますが、「代表の想い」には「プロフィールムービー」を掲載するのもたいへんおすすめです。プロフィールムービーとは、自分自身の生い立ち、山あり谷ありの人生、人となり、デジタルマーケティングにかける想いなどをまとめたものです。私自身、自社ホームページの「代表の想い」の最後に、プロフィールムービーを掲載しています。**1本のロードムービーを見終えたような、ずっしりとした読後感のある作りになっていて、それが、皆さんの心に刺さるようです。**「とてもよかったね」「泣いたよ」といった言葉をいただくことがあります。自分の人生を棚卸

しし、見つめ直すきっかけにもなります。

4．お知らせ

「お知らせ」は、ブログの更新情報や、イベントへの登壇情報、新規サービスの開始など、幅広い情報を掲載するページです。ご**ちゃごちゃしやすいため、カテゴリー別に表示できるようにしておくのがおすすめです。**例えば「イベント登壇」「ブログ更新」「事例紹介」などといったカテゴリーに分けてください。自分が使いやすいように、設定してみてください。

5．メディア掲載

「メディア掲載」は、メディアでの掲載実績・連載実績を紹介するページです。**基本的に一人で活動するデジマ・コンサルタントにとって「メディア掲載実績」は大きな武器になります。**メディアに掲載されるだけの信用力のある人間だと認知されるからです。以下が、メディアにアプローチする際に押さえたいポイントです。

「メディア連載」を獲得する方法

・アプローチするメディア候補を挙げる

・メディアがどんな記事を掲載しているか分析する

・外部パートナーと組むことで確度を上げる

・メディアにあった連載企画を考え、企画書を作成する

・メディアに連絡を取る（電話連絡を推奨します）

「メディア掲載」を獲得する方法

・背景・プロセス・結果を踏まえたプレスリリースを配信する

・電話やメールでメディアに連絡を取る（電話連絡を推奨します）

・外部パートナーと組むことで確度を上げる

・初期フェーズは有料で掲載するのも手

・メディア掲載後に、担当者にお礼をして、今後につなげる

・メディア掲載後は、サイトやSNSなどで実績を拡散する

6．ブログ

　ホームページ内に、ブログページを設けておきましょう。ブログには、デジタルマーケティングに関する豆知識や、あなたが強化したい業界の豆知識などを入れておくのがおすすめです。

　コンテンツの例は2章の「5．セルフブランディングは『人となり』の発信が重要」に詳しく記載していますので、参考にしてみてください。

7. 問い合わせフォーム

　問い合わせフォームについては「いかに項目数を減らすか」が**もっとも重要です。**お客様が「問い合わせをしてみようかな」と思っても、問い合わせフォームの項目数が多かったり、使いにくかったりすると、それだけで離脱につながってしまうからです。

　デジマ・コンサルタントの場合、相手の「住所」「性別」「役職」「問い合わせのきっかけ」などは、必ずしも必要な情報ではありません。また、プライバシーに関わる住所などの個人情報を引き出すことは、問い合わせのハードルを高めてしまうことになりかねないため、問い合わせフォームには不要な情報です。

　一方、「問い合わせ内容」は把握しておきたい情報です。面談前に準備をしておくことで、スムーズにやり取りできるからです。**当社では、大まかな相談内容を、選択肢のなかから選べるようにしています。**よろしければ、参考にしてみてください。

問い合わせフォームの参考例

・企業名　※必須

・氏名　※必須

・メールアドレス　※必須

・問い合わせ内容　※必須
　□不動産投資クラウドファンディングの集客・コンサルについて
　□不動産投資の集客・コンサルについて
　□その他webサイトを利用したビジネスの集客・コンサルについて
　□SNSに関するご依頼・相談
　□SNSマネージャー養成講座について
　□サイト解析・分析について
　□ウェブ解析士講座・Googleアナリティクス講座について
　□営業や提案、協業について
　□セミナー登壇・メディア出演依頼
　□Googleビジネスプロフィールについて
　□その他

・URL　※任意

・ご相談内容　※必須

 まとめ

ホームページ作りのキーワードは「想い × 信頼感」

「プロフィール資料」と「提案資料」を用意しておく

　プロフィール資料は、デジマ・コンサルタントの自分を紹介する「自己紹介書」です。パワーポイントやGoogleスライドで、経歴、サービス内容、これまでの実績、作業範囲などを伝えましょう。ここではざっくりと、プロフィール資料に記載したい12項目をご紹介します。

「プロフィール資料」に掲載したいコンテンツ	
①会社概要	会社名、代表者名、設立、資本金、所在地などを記載する
②プロフィール・経歴	代表のプロフィール・実績・経歴がわかるコンテンツを挿入する
③メディア掲載実績	メディア掲載実績がある場合には、代表的なものを抜き出して紹介する
④集客実績	これまでの集客実績を掲載する
⑤サービス概要	自社が提供しているサービス概要とメリットを簡潔に明記する

⑥集客マップ全体図	今回の相談で発生しそうな「提案内容・提案範囲」を明示する
⑦デジタルマーケティングで起こりがちな悩み	お客様が抱きがちな「悩み」を記載する
⑧実施領域	デジタルマーケティングの流れとマーケティング担当者のタスクを記載する
⑨コンサルタントを雇うメリット	外注やアルバイトを雇うよりも「その道のプロ」を一人雇う方が効果的であることを訴求する
⑩実施内容	デジタルマーケティングの「集客サービス」の実施範囲を明記する
⑪業務委託内容	コンサルティングサービスの「作業範囲」を明記する（週1回の定例ミーティング、メール・チャット・電話などによる問い合わせ対応、ディレクションなど）
⑫オプションの紹介	「広告運用」など、コンサルティングサービス外のオプションがあれば紹介する

　提案書もざっくりとしたたたき台を作っておくのがおすすめです。たたき台を1つ作っておけば、顧客ごとに提案内容のみカスタマイズすれば、提案書が完成するからです。デジマ・コンサルタントの提案書で盛り込みたいのは次の7点です。

「提案書」に掲載したいコンテンツ	
①提案の概要	「『〇〇』に集客するためのデジタルマーケティングに関するご提案」という一文とともに、箇条書きで「提案概要」を示す
②集客マップ全体図	デジタルマーケティングにおける「現状の対応範囲」と「足りない施策」を明示する
③提案	「想定される課題」「現状分析」「ご提案」の３本セットで提案内容をまとめる （提案は①〜⑤など複数提示することも多い）
④費用・条件	「コンサルティング費用」と「契約条件」を明記する
⑤業務委託内容	コンサルティングサービスの「作業範囲」を明記する（週１回の定例ミーティング、メール・チャット・電話などによる問い合わせ対応、ディレクションなど）
⑥会社概要	会社名、代表者名、設立、資本金、所在地などを記載する
⑦プロフィール・経歴	代表のプロフィール・実績・経歴がわかるコンテンツを挿入する

以上の通り、項目をお伝えさせていただきましたが、実物を見なければピンとこないと思います。

　そのため、本書を購入した方だけの「限定特典」として、私が日頃使っている「プロフィール資料」と「提案書」を読者限定で特別にプレゼントしたいと思います。 ご自身のプロフィール資料を作る際のたたき台として活用してみてください。

**読者限定特典：受注確率がグンと上がる!!
「プロフィール資料＆提案書」**

URL：https://yoshikazunomori.com/digicon_special/

パスワード：
yoshikazunomori

 ## まとめ

　プロフィール資料と提案書のたたき台で営業効率は3倍になる

上位3%のデジコンだけが知る
「魔法のセールス・テクニック」

デジマ・コンサルタント森からの
"ワンポイント・アドバイス"

　会社の看板がないデジマ・コンサルタントにとって、最難関は「営業（新規獲得）」である。大切なのは「徹底したヒアリング」「＋αのプラン提案」「関係性づくり」。そして「粘り強くアプローチし、絶対にあきらめない胆力」である。

初回面談から受注獲得までの「全5 STEP」とは？

　書店の棚やアマゾンをのぞくと「コンサルタントの仕事術」といった類書が数えきれないほど並んでいます。**一方で、コンサルタントとして独立し、継続的に新規顧客を獲得し続ける方法については"ブラックボックス"になっているのが実情です。**

　もしもあなたが、独立系のコンサルタントとして生計を立てていきたいのであれば、セールス（営業）に関する手腕を磨き上げておくことが大切です。私はこう考えています。

　「そもそも、セールスがうまくいかなければ、コンサルタントとして手腕を発揮できない。長く活躍し続けるには、新規顧客を獲得する方法を知ることが何よりも大事だ」と。

　そのため、本章では「新規顧客を獲得するうえで押さえておきたいセールステクニック」について詳しく解説します。**営業活動（セールス）がうまくいけば、あなたも、瞬く間に年商1000万円オーバーの"スーパー・コンサルタント"になれます。**

　本章では、SNSやコラム記事などから興味を持ったクライアントが、デジマ・コンサルタントであるあなたに問い合わせを行い、「初回面談」から「受注」までに、どのようなアプローチを行うと

よいのかを全5STEPで解説します。いずれも、実際に私が行っているアプローチの方法であり、包み隠さず、ありのままの事実を丸ごとお伝えしています。初心者の方も実践できるよう、なるべく平易な言葉でわかりやすく、かみ砕いて説明します。

初回面談から受注までの5STEP		
STEP	概要	目的
● STEP 1	初回面談（オリエンテーション）	課題・ビジネスモデルなどをヒアリングする
● STEP 2	「仮提案書」の提出・追加ヒアリング	抜け漏れを埋めるための追加ヒアリングを行う
● STEP 3	「本番提案書」の提出	2回のヒアリングをもとにブラッシュアップした提案書を出して検討していただく
● STEP 4	気軽なランチミーティング	ボトルネックの原因を探り、ブラッシュアップした提案書を提出する
● STEP 5	契約	業務委託契約書を取り交わす

まとめ

「長期的な活躍」を左右するのは「営業力」だった！

【STEP1】初回面談（オリエンテーション）

● やること	課題・ビジネスモデルなどをヒアリングする

　初回面談（オリエンテーション）は、お客様の現状と抱えている課題を知るフェーズです。デジマ・コンサルタントの売り物は「問題解決力」ですから、STEP1はとても重要度が高いです。

　一口に課題と言ってもさまざまありますが、一例を挙げるならば、次のような課題を抱えているケースが多いです。課題が一つの場合もあれば、複数の課題を抱えているケースもあります。**共通するのは「集客がうまくいっていないから、売上も増えない。この現状をどうにかしてほしい」という悩みがあるということです。**

お客様が抱えている課題の例
・リスティング広告を月100万円以上打っているが、成果が出ない ・オウンドメディアを運用して2カ月経つが、問い合わせが増えていない ・LINE公式アカウントを運用しているが、離脱率が高い ・Instagramを運用しているが、問い合わせが増えない ・デジタルマーケティング戦略に自信がない。方向性に間違いがないか、確認してほしい

ここで注意したいことがあります。**それは、冒頭からいきなり「御社の課題は何ですか？」と聞くのはNGということです。**

　お客様は、多少なりともあなたに興味があり「この人ならば、自社の問題を解決してくれそうだ」という期待感を持っていますが、依頼するかどうかは、まったく決めていないからです。ここが勘違いしてはならないところです。**契約前の段階では、人間として信用できるか、もっと言えば「一緒に仕事をしたいパーソナリティなのか」が厳しく見られていると理解しておきましょう。**コンサルタントは長い付き合いになることが少なくないですから、ただ単に「問題解決力があればいい」とは考えていないのです。

　では、どうやって、打ち解けたらいいでしょうか。

　一つはとても王道ですが「アイスブレーク」です。心をほぐす会話をはさんで、相手の心を温めるのです。個人的には、アイスブレークはかなり重要だと思っています。アイスブレークをしっかり行うことで、相手との心の距離が縮まり、質問がしやすくなるからです。

　私の場合、渋谷のオフィスで初回面談を行うケースが多いです。その際、**「お忙しいところ、渋谷までお越しくださり、どうもありがとうございます。私もこのオフィスに引っ越してから数年経ちますが、渋谷の地下鉄ってものすごく複雑ですよね。道、迷いませんでしたか？」**という質問を投げかけたりしています。私自身、迷路のような渋谷駅には幾度となく困らされてきたからです。互いに共感できる話題は、相手の心を解きほぐすのにピッタリです。

　とりわけ、「面談する場所までどうやって来たのか」という質問

は、ありのままの事実を話すだけなので、相手の負担になりません。そのためアイスブレークとして最適なテーマです。

　そのほか、あえて「自分の失敗談」を話すこともあります。
　例えば「**この前、北海道へ出張に行こうとしたときに、乗車券をなくしちゃって、えらい目に遭いましたよ**」といった具合です。この失敗談の後に、何気なくお客様に質問を投げかけてみてください。例えば、次の通りです。

　「**この前、北海道へ出張に行こうとしたときに、乗車券をなくしちゃって、えらい目に遭いましたよ。でも、北海道は海の幸が本当に美味しくて、自然もきれいで、すごくいいところでした。山田さんはこの夏、どこかご旅行の予定などはありますか？**」

　このように、こちらから自己開示として「失敗談」を話しつつ、自然な流れで、お客様にも会話をしていただくようにしてみてください。会話のキャッチボールをするなかで、見えない壁が取り除かれていくはずです。大切なのは、一方的な会話ではなく、インタラクティブな会話を心がけることです。
　ほかにも、アイスブレークにはさまざまなパターンが考えられます。いずれにせよ、誰も傷つけない、ありふれた"あるある失敗談"を切り口に、話を広げていくのが良いと思います。

　「最近、料理するのにはまっています。この前も、家族のためにアップルパイを作ろうと思ったのですが、焼く時間を間違

えてしまって、オーブンで焦がしちゃいました……。山田さんは、何か最近はまっている趣味などありますか？」

「つい最近、友人に誘われて、久しぶりに山登りをしたのですが、運動不足だったのでひどい筋肉痛になってしまって、今も痛いんです。驚いたのが、痛みが4日後にきたことです。10年前は、2日後くらいに筋肉痛が来たのに、だんだんと遅くなっていて。これも老化ですかね。山田さんは、何か日常的に運動していたりしますか？」

パッと失敗談が思い浮かばないときには「どうやって私のことを知ってくださったんですか？」「なぜ、私に問い合わせてくれたのですか？」といった質問もよいと思います。お客様が臆せず答えられるシンプルな質問だからです。

ここに挙げた内容にかかわらず、あなた自身が鉄板で使える「アイスブレークネタ」をいくつか用意しておくとよいと思います。いずれにせよ、大切なのは**「自分自身が先に自己開示し、相手が話しやすい空気感を作る」**ことです。

アイスブレークを行い、場の空気が温まったら、本題に入りましょう。既にお伝えした通り、初回面談で知りたいことは「お客様の現状と抱えている課題」です。それに加えて、提案を前に進めるために知っておくべき「ビジネスモデル」「目標（ゴール）」「予算」「社内体制」の4つについても、しっかりとお聞きしておきましょう。

「お客様の課題」を明確化するための質問

①課題・ボトルネック	「今、御社で困っていることは何ですか？」 「現在の代理店さんでは、何がうまくいっていて、何がうまくいっていないですか？」 「コンサルを依頼したことはありますか？　差し支えなければ、終了になった理由を教えてください」
②ビジネスモデル	「御社の主力商品は何ですか？　どんな強みがある商品ですか？」 「どのようなユーザーに来てもらえると嬉しいですか？」 「商品を実際に購入しているユーザー層はどのような方々ですか？」 「そのユーザーはどのような価値を得られますか？」 「御社の商品の代替手段はありますか？」 「ベンチマークしている企業はありますか？」 「現在、広告は打っていますか？」
③目標（ゴール）	「月間の売上はいくらくらいですか？」 「その売上をどれくらい引き上げたいですか？」 「売上を達成するための数値目標を教えてください」 「現状の数値はどれくらいですか？」

④予算	「デジタルマーケティングやコンサルティングの予算を教えてください」
⑤社内体制	「現状のデジタルマーケティングの社内体制について教えてください」 「山田さんは今、どのような役割を担われているのですか?」 「最終の意思決定者は誰になりますか?」 「稟議決裁の場合、どのような流れになるのか、簡単でよいので教えていただけますか?」 「稟議でボトルネックになりやすいポイントは何ですか?」

 まとめ

　場の空気を温めるアイスブレークがヒアリングの"アクセル"になる!

【STEP2】仮提案書の提出・追加ヒアリング

● やること	抜け漏れを埋めるための追加ヒアリングを行う

　STEP1の「初回面談（オリエンテーション）」は、時間が足りないことがほとんどです。正直なところ、STEP1で挙げた質問項目をすべて聞けることは稀です。

　そのため、仮の提案書を持参しつつ、「追加ヒアリング」を行うようにしてください。 追加ヒアリングを行うことで、お客様の現状と課題を抜け漏れなくヒアリングできるからです。お客様には、初回面談のお礼をしつつ、ダイレクトに「もう一度、ヒアリングの時間が欲しい」という意向をお伝えしましょう。例えば、次の通りです。

　「この前は、面談のお時間をくださりどうもありがとうございました。御社の現状や課題をお伺いすることができました。これから御社の課題を解決するための提案書を作ろうと思っているのですが、前回はこちらがしゃべりすぎてしまいました、ごめんなさい。しっかりと提案書をお作りしたいと思っていまして、実はまだ山田さんにお聞きしたいことがいくつかあります。前回の打ち合わせを踏まえて、仮の提案書を持参しつつ、またお会いできれば嬉しいです。よろしければ、1時間ほど、どこかでお打ち合わせできませんか？」

２回目のヒアリングには、聞けなかった項目を確認できるほか、お客様が伝え忘れていた課題を取りこぼさずに聞けるという利点もあります。結構あるのが「そういえば、前回は伝え忘れていたのですが、こんな課題もありました」というパターン。例えば次のような具合です。

　「そういえば、前回、お伝えし忘れていたのですが、デジタルマーケティングだけでなくDX化も推進しようという話が盛り上がっています。私の上司は『DX化推進室』の室長なので、デジタルマーケティング以上に、DX化の推進に興味があると思います。森さんって、そのあたりの知見もお持ちなのですか？」

　このような話をヒアリングできたらチャンスです。担当者のニーズだけでなく、稟議決裁する上司の方のニーズも押さえた提案書を作ることができれば、契約に進む可能性が高まるからです。
　私は過去、実際に「DX化も推進しているが、うまくいっていない」というお客様に対して、すぐに導入できて、業務効率化も叶えられる「おすすめのDX化ツール」を補足資料としてご提案いたしました。**そのご提案書が「自社の課題を網羅的に解決するもの」と受け入れていただき、継続的な契約に結び付きました。**ですから、２回目のヒアリングには、大きな意義があるのです。

　これまでの実感として、目の前の担当者の方のみならず、上司や部署など、社内の皆さんの課題を解決に導く「＋αの提案」を盛り込めるか否かが、その後の契約率を大きく左右するように思いま

す。ですから、現状と課題については、しっかりと時間をかけて、抜け漏れのないようにヒアリングすることを心がけてください。

ここで「DX化が課題と言われた場合、自分には何もできない。DX化に詳しくない……」と、不安に思った方もいると思います。**そういった場合も、自分がご提供できる"できる限りのサポートを提供する"ことを心がければ問題ありません。あなたが持っているスキル、経験、知識を使ってお手伝いすればよいのです。**

お客様から「社員の定着率が悪い」といった話がポロっとこぼれたときには、社員の方12名に対して、私が1：1ミーティングを行い、会社の不満をヒアリングしました。**これは「話を聞くのが得意」という自分の強みを生かしただけです。**また、過去の自分と、これからの未来を描く「自己分析シート」を使って、キャリアビジョンについて考えるセッションも行いました。決して特別なものではなかったのですが、とてもお客様には喜ばれましたね。

「＋αの提案」は、自分が提供できる心遣いをご提供することです。**ちょっとしたひと手間が、相手の心を動かすのだと理解しておきましょう。**

なお、「ヒアリングのために2回も時間をいただくのは気が引ける」と思う方がいるかもしれませんが、心配は無用です。むしろ、お客様の課題解決に向けて全力で取り組むあなたの真摯で真剣な気持ちが伝わるからです。提案の精度を上げるために必要な時間なのだという意識で、前向きにヒアリングしてみてください。

ちょっとした「＋αの提案」がお客様の心を揺さぶり、動かす

【STEP3】「本番提案書」の提出

● やること	2回のヒアリングをもとにブラッシュアップした提案書を出して検討していただく

　2回のヒアリングを経て、現状と課題を洗い出すことができたら、仮提案書をブラッシュアップして「本番提案書」を提出しましょう。本番提案書を提出して、社内で揉んでもらうのです。

　その際、お客様には「追加の要望など出ましたら、いつでもお電話ください」とお伝えしましょう。そうすることで、提案書をさらにブラッシュアップすることができ、納得感・満足感の高い提案書になり、受注の確度も高まるからです。

　本番提案書は、私が日頃使っているたたき台を活用するのもいいと思います。「読者限定特典②：受注確率がグンと上がる！『提案

書』」をご参照ください。必要に応じて、参考にしてみてください。

　本番提案書を出す際には、ただ、サービス内容を説明するのではなく、「**デジマ・コンサルタントへの依頼で得られるベネフィット**」について、しっかりとお伝えすることが大切です。

　とりわけ、受注のトリガーになるのが「コンサルティング費用」です。結局のところ、どんなに素晴らしいコンサルティング、問題解決を行えるデジマ・コンサルタントだったとしても、予算感が合わなければ、稟議の土俵に上がることはありません。最終的には「**素晴らしいコンサルティングを、会社が納得する適正価格で受けられるか（＝コストパフォーマンスの高い提案か）**」が厳しく吟味されていると考えてください。

　さて、コストパフォーマンスの高いコンサルティングだということを理解いただくには、どのような伝え方がよいのでしょうか。さまざまな伝え方が考えられますが、私がいつもお客様にお伝えしているのは次の６点です。

1. デジタルマーケティングの正社員を一人雇う場合、求人サイトへの掲載などで「100万円以上」の経費がかかるうえ、年収は「500万円〜800万円」用意しなければならない。人材紹介会社を使った場合には、採用が決まると「年収の30％前後分の紹介料」が発生する場合もある
2. しかも、正社員の場合、報酬に見合った成果を出せない人材だったとしても、簡単にはリストラできないため、リスクが大きい
3. デジマ・コンサルタントならば、正社員の採用コストの半分程度で依頼できる
4. 成果が出なければ、1ヵ月前までの申し出でいつでも契約解除ができるため、リスクを限りなく抑えられる
5. 外注やアルバイトを雇うのも手だが、専門性が低いため、相応の効果が得られず、いつまでも、集客の問題が解決しないことが少なくない
6. デジタルマーケティングに精通した「コンサルタント」を一人雇う方が、短期間で納得のいく成果が得られることが多い

　この6点をお伝えすることで、納得感を持ってご契約をいただいています。ぜひ、クロージングの際のトークとして参考にしてみてください。

まとめ

　「コスパの高いコンサルティング」が最後の"一押し"になる

【STEP4】気軽なランチミーティング

● やること	ボトルネックの原因を探り、ブラッシュアップした提案書を提出する

　「本番提案書を提出したが、お客様から一向に返事がこない」というケースがあります。そんなとき、「今回の提案はダメだったんだな」とあきらめてしまう方が9割以上です。

　しかし、そこであきらめてしまったら"試合終了"です。 なかなか返事が来ないからと言って、決してあきらめないでください。お客様が本業で忙しかったり、社内で稟議を止めてしまう上司がいたりして「いい提案だし前向きに検討したいが、今忙しくて、優先順位が下がってしまっている」といったケースが少なくないからです。

　独立系のコンサルタントとして活動していく以上、大手企業のような看板、ネームバリューは皆無です。そのため、最後の一押しには **「営業への情熱」** が不可欠なのです。簡単にはあきらめず、粘り強いアプローチを意識しましょう。と言っても「買ってください！どうかお願いします！」というのは無しです。あくまでも、お客様の立場に立ち「本当に必要な提案書になっているか？」「足りない部分がないか」を詰めていく作業に徹することが大切です。

そのためには、お客様への状況確認が必要です。ぜひ、「気軽な
ランチミーティング」にお誘いしてみてください。そのボトルネッ
クが何なのかをお聞きし、前進するためのヒントを得るのです。例
えば、こんな言葉をおかけしてはいかがでしょうか。

　「山田さん、ご無沙汰しております。少し前になりますが、ご提
案の機会をくださり、誠にありがとうございました。感謝申し上げ
ます。
　提案書ですが、社内での反応はいかがでしたか？　もしも至らな
い点がありましたら、よりよい提案書にブラッシュアップできれば
と思いますので、お気軽にお申しつけください。余談ですが、最
近、美味しいイタリアンを見つけました。お時間あれば今度ご一緒
しませんか？」

　このような感じで、電話かメールでお食事に誘ってみてくださ
い。もしも「いいですよ」という快諾が得られたら、携帯電話番号
もお聞きしてみてください。例えば、「ランチ当日のやり取りや待
ち合わせもありますので、よろしければ携帯電話番号を教えていた
だけますか？」といった感じでお聞きしましょう。

　メールやグループチャットはテキストのコミュニケーションです
が、電話は声と声のコミュニケーションであり、より細かなニュア
ンスが伝わりやすい連絡手段です。電話番号を知っておけば、契約
となった場合にも、スムーズに相手と意思疎通できるでしょう。
　また、自分が思いがけず失敗をしてしまった際にも、メールや

チャットよりも、電話の方がはるかに自分の気持ちが伝わります。 メールやチャットは気軽なコミュニケーションツールですが、声や顔が見えないし、温度感が伝わらないのが大きな難点です。**ベストは、直接会って話すことですが、どんなに遠く離れていても、相手とリアルタイムで会話できる点で、非常に優れたコミュニケーションツールです。**

ランチミーティングの一番大きな目的は「稟議が進まないボトルネック」の確認ですが、お客様との"心の距離"をグッと縮める絶好の機会にもなります。**ビジネスの話も大切ですが、ぜひお客様の「趣味」や「好きなもの」などについても、積極的にお聞きしてみてください。**相手のことをより深く知ることで、相手の喜ぶ"おもてなし"の勘所がつかめるからです。

デジマ・コンサルタントの一番大切な仕事は「問題解決」ですが、結局のところ、長くお付き合いいただけるかは「好意的な印象を持っているか」だと、個人的には思います。ですから、巷のデジタルマーケティング会社のように、ビジネスライクな関係に終始する必要はありません。時には、相手を喜ばせるおもてなしで「この人と一緒に仕事ができると楽しいな」と思ってもらえるとよいのではないでしょうか。

「急なお誘い、ごめんなさい。このお店のピザがとても美味しかったんですが、ふと山田さんを思い出したので、一緒にどうかなと思ってお誘いしちゃいました。お忙しいところ、ありがとうございます。山田さんって、よく外食とかされるんですか？」

「そうですね、外食は好きですね。妻とはよく近所の居酒屋で、日本酒を飲んでいます。でも自炊も好きなので、料理もしますね」

「そうなんですか。僕自身は自炊をほとんどしないので、とても尊敬します。どんな料理を作るんですか？」

「すごく普通ですよ。カレーとかパスタとか。最近は、カルディとかに行って、食べたことのない調味料を使ってみたりしています。塩も、岩塩とかを使うと美味しくなる気がします」

「調味料にもこだわっているんですね。最近使ってみて、よかった調味料はありますか？」

この会話のキャッチボールでは、山田さんについて次のことがわかりました。

・山田さんはお酒が好きで、とくに「日本酒」が好き
・料理にハマっていて、調味料にこだわっている

これらの情報を基に、ふとしたタイミングで地酒をプレゼントしてみたり、セレクトショップで評判の岩塩をお贈りしてみたりする

のがよいと思います。ご近所付き合いみたいな感覚で、気負わず、気軽にプレゼントするのがおすすめです。

　また、単にプレゼントを差し上げるだけでなく、お客様がおすすめする岩塩を実際に買ってみて、料理に使ってみるのも良いと思います。"共通の体験"ができると、心の距離がグッと縮まるからです。

　心の距離が縮まると、会社の都合で契約が終了しても、ずっと自分の名前を憶えていてくださる方が多いです。会社の状況が良くなったタイミングで、また相談をしてくださったり、ほかの案件を紹介してくださったりすることが少なくありません。

　ランチミーティングの会話は「ビジネス：プライベート＝７：３」くらいの感覚で、相手との会話を楽しんでみてください。

　プライベートの話で盛り上がった後に「稟議が止まってしまっている理由（＝ボトルネック）」についてお聞きしてみてください。その際、「上司が忙しいみたいで、稟議が止まってしまっています」ということであれば、次の通り、単刀直入にお聞きしてみてください。

　「本日、山田さんが教えてくださったポイントを押さえてブラッシュアップした提案書をご提示に参りたいと思います。また、上司の方ともなかなかお話しができていなかったので、足りない要素がないかお聞きできると嬉しいです。よろしければ、近日中に一度、お打ち合わせのお時間をいただけませんか？」

　思い出していただきたいのは「ザイオンス効果」です。私たち人

間は、接触頻度の高いものに、信頼感や親近感を感じるものです。なるべく、お会いする頻度を増やして、社内での優先度を高めていきましょう。

まとめ

ランチの会話は「ビジネス：プライベート＝7：3」を心がけよう

【STEP 5】 契約

● やること	業務委託契約書を取り交わす

　ランチミーティングと、追加のヒアリングを経て、稟議が通れば、契約となります。契約の段階でも、気をつけていただきたいポイントが6つあります。一つずつ、見ていきましょう。

契約書において押さえておきたい6つのポイント

1．中途解約は「1カ月前までの通知でOK」で安心感2倍！
2．「自分に不利な契約になっていないか」に目を光らせる
3．「業務範囲の明確化」で"何でも屋さん"になるのを防ぐ
4．「報酬」と「支払期限の明示」で支払い漏れを防ぐ
5．「再委託条項」でパートナーとの協業を可能にしよう
6．「損害賠償責額の上限を明示」で万が一に備える

1．中途解約は「1カ月前までの通知でOK」で安心感2倍！

　よくあるコンサルタント契約では「1～3年間の契約縛り」が設けられています。つまり、成果が出なくても、「1～3年間は契約解除ができない」というものです。お客様にとってみれば、リスクが高い契約です。そうすると、契約前に「万が一、コンサルタント

選びに失敗したらどうしよう……」と不安がよぎるでしょう。もしも私がお客様だったら、ちょっと尻込みしてしまうと思います。当然のことながら、契約率が下がってしまいます。

　一方、私がお客様と締結している業務委託契約書では「**最低契約期間は6ヵ月だが、1ヵ月前までの申し出で、双方ともに"いつでも"解約ができる**」という契約条項を設けています。お客様がコンサルティングに満足できなけばいつでも解約できる状態にすることで、安心感を持ってご契約いただけるからです。**さらに、このような契約形態にしているコンサルタントは皆無に等しいため、興味を持っていただけることが多いです。**契約においては、できるだけお客様のハードルを下げて、契約しやすいようにするのがおすすめです。

　また、私自身も、お客様の対応や進め方に不満があればいつでも契約を解除できるようにすることで、リスク軽減につながります。一定の割合で、自分と合わなかったり、無理難題を突きつけてきたりするなど、論理破綻・感情爆発型のクライアントに遭遇することがあります。そんなとき、1年、2年と契約解除ができなければ、こちらが参ってしまいます。ですから、自分自身を守るためにも、この解約条項については、ぜひとも盛り込んでいただきたいと思います。お客様にとっても、デジマ・コンサルタントにとってもリスクヘッジになる、安全装置のような契約条項です。

第○条（有効期間）

1．本契約の有効期間は、202X年○月○日から6ヵ月間とする。ただし、期間満了日の1ヵ月前までに甲乙いずれからも

> 書面により更新を拒絶する旨の意思表示がなされない場合には、本契約は同一内容にて、期間満了日の翌日から起算して更に6ヵ月間延長されるものとし、それ以後も同様とする。
>
> 第○条（中途解約）
> 　本契約の他の定めに関わらず、甲及び乙は、本契約の有効期間中であっても、その理由の如何を問わず、解約希望日の1ヵ月以上前に書面にて相手方に通知することにより本契約を中途解約することができる。なお、本条に基づく中途解約にあたり違約金等の支払義務は生じないものとする。

2.「自分に不利な契約になっていないか」に目を光らせる

　押さえてほしいポイントの2つ目は「自分にとって不利すぎる契約になっていないか」に目を光らせることです。あるとき、先方の法務担当者さんから、このような申し出がありました。

　「こちら側は1ヵ月前の申し出で解約ができるようにしていただきたい。しかし、御社から解約の申し出は、2ヵ月前までとしていただきたい」

　つまり、お客様側は1ヵ月前の申し出で契約を解除できるが、私は2ヵ月前までに申し出ないと契約を解除できないというわけです。割とあることなのですが、このように「自社に有利な契約にしたい」という思いが強すぎる法務担当者には注意が必要です。**コン**

サルタントは、お客様と対等な立場のはずですが、契約の段階で関係性が不均衡だと、相手の言われるがままになんでも引き受ける"便利屋さん"になることを要求される場合があるからです。一度、不均衡な関係に甘んじてしまうと、相手も"お殿様状態"になって、節度のない依頼を投げつけてくるようになります。そうなると、業務的な負荷や精神的な負担ばかりが増して、精神衛生上よくありません。

　業務委託契約書のひな型は「自社、お客様ともにイーブンな関係性のものか？」について、しっかりと確認しましょう。業務委託契約書のひな形を作成しておき、それをお客様に提示するのがベストです。

3.「業務範囲の明確化」で"何でも屋さん"になるのを防止

　駆け出しのデジマ・コンサルタントの場合、制作物を納品しながらスキルアップを目指す必要がありますが、ある程度知識・経験・スキルが身に付いた段階で、「コンサルティング」に徹するのを条件にするのがおすすめです。そうすることで、業務負担ばかりがのしかかる状況を回避できるからです。デジマ・コンサルタントとして長く活躍し続けるためにも、体力を消耗しすぎる状況にはならないように、コントロールしましょう。

　そのために、「業務範囲」を明示する契約条項を盛り込むことをおすすめします。例えば、次のような文言を付け加えておきましょう。

第○条（委託業務）

甲は、乙に対して、次の各号に掲げる業務（以下、「本業務」
という。）を委託し、乙はこれを受託する。

（1）　甲が運営する○○○○○（以下「○○○」という。）
　　　のデジタルマーケティングに関するアドバイザリー業務
（2）　「○○○」の広告運用業務
（3）　前号に付随又は関連する業務

この契約条項を盛り込むことで、コンサルティング（戦略アドバイス）に徹することができ、より多くのお客様の案件を担当することができます。そうなると、より効率よく報酬を得ることができます。それが年商1000万円超えのデジマ・コンサルタントになるための近道です。

4. 「報酬」と「支払期限の明示」で支払い漏れを防ぐ

支払い漏れを防ぐために「報酬」と「支払期限」も明示しておきましょう。

特に大切なのが、報酬額が「税抜きなのか？　税込みなのか？」を明らかにしておくことです。過去に実際にあったことなのですが、私自身は「月額40万円（税抜）」の報酬額で設定したつもりでしたが、先方は「月額40万円（税込）」として認識し、消費税分だけ報酬がいただけなかったことがあります。40万円のコンサル

ティングフィーの場合、毎月4万円ほど損をします。年額にすると48万円もの損失ですから、その損失はかなり大きいものです。**ですから、報酬額の「税抜き／税込み」については、はっきりとさせておきましょう。**

また「支払期限」についても念のため、業務委託契約書内で明らかにしておきましょう。いずれも記載例は次の通りです。

第2条（委託料等）

1．前条に定めるところによって実施された本業務の対価（以下、「委託料」という。）は、月額金〇〇〇，〇〇〇円（税抜、以下金額は全て税抜表示。）とする。

2．甲は、乙に対し、当月分の委託料について翌月末日までに、乙の予め指定する銀行口座に振り込んで支払う。本項に基づく支払の際に必要な銀行振込手数料は、甲がこれを負担する。

5．「再委託条項」でパートナーとの協業を可能にしよう

アドバイザリー業務に徹するのがデジマ・コンサルタントの鉄則です。そのため、制作物の納品は行わず、広告バナーなど、クリエイティブの制作はお客様の責務のもとに行うのが基本です。しかしながら、時には**「コーポレートサイトを作ってほしい」「オウンドメディアのデザインを作ってほしい」**といった依頼を受けることが

あります。そういった場合「できません」とお断りするのも手です
が、突っぱねてばかりでは「頼りにならないコンサルタント」とい
う烙印を押されてしまうかもしれません。

　そのため、いざというときに備えて、クリエイターや専門家とつ
ながっておくことが大切です。そして、業務委託契約書の契約条項
にも「再委託ができること」を明記しておきましょう。紹介は決し
て悪いことではありません。信頼のおけるコンサルタントの紹介
で、信頼のおけるクリエイターに委託できるのであれば、何ら問題
はないのです。
　デジマ・コンサルタントはあくまでもデジタルマーケティング戦
略の中枢を担う「コンサルタント」です。その点をお客様にもわか
りやすくご説明して、理解していただきましょう。

第5条（再委託）

乙は、甲の事前の承諾を得ることはなく、自らの責任で本業務
の全部又は一部を第三者に対し再委託することができる。

6.「損害賠償責額の上限を明示」で万が一に備える

　誰しも人間ですから、どんなに注意し、気を張っていても失敗し
てしまうことがあります。思わぬトラブルが飛び火して、自分の責
任ではないにもかかわらず、大きな賠償問題に発展してしまうこと
もあるでしょう。

そういったリスクに備えて「損害賠償責任の範囲」については、業務委託契約書内に明記しておくことをおすすめします。そうすれば、万が一、大きな損害を与えるような事態に陥ったとしても、設定金額の上限を超えた賠償責任を負うリスクを軽減できるからです。例えば、次の通りです。

第6条（損害賠償責任）

甲又は乙は、本契約に違反し、故意又は過失により相手方に損害を与えた場合、その損害（通常の損害に限る。）を賠償しなければならない。なお、乙が負う損害賠償額の上限は、故意又は重過失が存する場合を除き、損害の発生日が属する月から起算して直近1年間に本契約に基づき乙が甲から受領した委託料の総額とする。

　第5章では、具体例を用いながら、契約条項の盛り込み方についてお伝えさせていただきました。いずれも一つの参考例としてとらえてください（本章は、TECH GOAT PARTNERS法律事務所様のご協力のもとに記載しております）。実際に業務委託契約書を作成する際には、専門家の方に相談するなどして、あなたの業務内容に沿ったものを作成してみてください。

まとめ

契約書は「イーブンな関係性か」を必ずチェックしよう

CHAPTER 6

無理なく続けられる！
成果も出る！
「コンサルタント1年目の教科書」

デジマ・コンサルタント森からの
"ワンポイント・アドバイス"

お客様とのコミュニケーションで大切なのは「スピード対応・無制限・こまめな対応・事前説明」の４つである。この４つの対応で、あなたはお客様にとって「かけがえのない存在」となれる。

質問には「無制限・24時間以内」の返信を

　業務委託契約書の締結が完了したら、いよいよコンサルティングを行っていきます。**ここからが、本当の意味での、デジマ・コンサルタントとしての"デビュー戦"です。**とはいえ、初めての経験の場合、とても不安な想いもあると思います。また、ほとんど知られていないブルーオーシャンの職業ですから「お客様とのコミュニケーションの正解がわからない」という方が9割以上だと思います。

　そのため、本章では「コンサルタント1年目の教科書」と題して、継続発注がもらえるデジマ・コンサルタントになるためのポイントについて、「コミュニケーションの方法」を中心にお伝えしていきたいと思います。ぜひ、参考にしてみてください。

　一つ目が「**質問には『無制限・24時間以内』の返信を**」です。

　お客様からいただいたどんな質問にも、基本的には24時間以内に返信することを心がけてください。 デジマ・コンサルタントの基本業務は「アドバイス」です。そのアドバイスを求めているのに、2日、3日と経過しても返事が来なければ、クライアントの心のなかに「どうなっているんだ？」というネガティブな感情が渦巻いてしまいます。

ここでちょっと、お客様の立場になって考えてみてください。例えばあなたが新しく掃除機を購入したとします。しかし、購入して1週間も経たずに、壊れてしまったら、すぐさま、カスタマーサポートに問い合わせますよね。**しかし、カスタマーサポートに電話しても、待たされっぱなしにされたり、なかなかつながりづらかったり、たらいまわしにされて、問題解決できなかったらどんな気持ちになるでしょうか？**

　どんなに機能や性能に優れた最新鋭の商品だったとしても、ブランドそのものにネガティブなイメージを抱いてしまいます。ずっと、そのブランドの掃除機を愛用していたとしても、次には別のブランドの掃除機も選択肢の一つに挙がるかもしれません。
　ちょっとした対応一つで、お客様の気持ちは離れてしまうものなのです。ですから、お客様からいただいた質問には、24時間以内の返信を心がけるようにしてください。

　また、質問の受付制限を行わず、基本的には「受け放題」にすることをおすすめします。例えば「月に質問は3つまで」といった具合に制限をかけてしまうと、お客様の頭の中に「解決できない問題」が残り続けてしまうことがあります。一般的にデジタルマーケティング施策は"時間との争い"だったりします。そのため、「すぐに問題を解決したいのに、コンサルタントは役に立たない。相応の報酬を支払っているのに、存在価値がないじゃないか」と、ネガティブな思考になってしまう可能性もあります。

繰り返しになりますが、どんなときにも心に留めておきたいのは「**パーソナルトレーナーのような存在であれ！**」ということです。いつでも、お客様とともに伴走し、困ったときには、すぐに手を差し伸べることを大切にしてください。

　「**24時間以内の返信＋無制限の回答**」に加えて「**相手が理解しやすい伝え方**」も心がけるようにしてください。専門用語を使わず、誰でも理解できる言葉で伝えたり、操作画面をキャプチャして、一目でわかる資料をご提供するなどです。

　「お忙しいところ、ご質問くださりありがとうございます。お問い合わせくださった○○ツールの使い方についてですが、画像キャプチャを取って、手順をまとめてみました。よろしければご活用ください。手順通りに作業すれば、瞬時にデータを取得できます。ほかの社員さんにもご共有いただけるとよいかと思います。また不明点がありましたら、いつでもご連絡ください」

　このように、ただ対応するだけでなく、相手の「わかりやすさファースト」の対応ができると、お客様との心の距離がグッと縮まります。それが、頼られ、愛されるデジマ・コンサルタントへの第一歩です。

まとめ

「スピード返信＋無制限の回答」で心の距離がグッと縮まる

「何をしているのかわからない」が突然の契約解除を招く！

　デジマ・コンサルタントになった吉田洋子さん。最初のお客様を担当してから6ヵ月が過ぎようとしていた。吉田さんは「オウンドメディア運用のディレクションを任せたい」という依頼を受けて、SEO記事の制作やキーワードの抽出などを行った。吉田さんが提示した戦略に、お客様もたいへん満足し、提案して早々、GOサインを得ることができた。これまでの半年間で、オウンドメディア上には50本以上の記事がアップされた。これからの成果を心待ちにしていたタイミングで、お客様から1通のメールが届いた。

　「来月いっぱいでコンサルティング契約を打ち止めとさせてください」
　突然の契約解除。それは吉田さんにとって、青天の霹靂とも言うべき、ショッキングな出来事だった ── 。

　何の前触れもなく三行半を突きつけられた吉田さん。ショックでなかなか立ち直れないでしょう。お客様のために尽力していたのに、突然の「契約解除宣言」は、なかなか辛いものです。しかし、これは、ときとして起こりうることです。

一体なぜ、吉田さんは突然「契約解除」を突きつけられてしまった のでしょうか？　思い当たるトラブルやクレームがないにも関わらず、契約解除をされてしまうときには、どのような問題が潜んでいるのでしょうか？　少し、考えてみてください。

　契約解除の背景には、さまざまな可能性が考えられますが、一つは「途中経過」や「定例ミーティング」を怠ったことが挙げられます。

　本書の2章でご紹介した「ザイオンス効果」を思い出してください。ザイオンス効果とは、接触があればあるほど、その対象を好きになるという心理効果です。**裏を返せば、接触頻度が減れば減るほど、お客様の心は、知らず知らずのうちに遠く離れていきます。吉田さんは、お客様と密なコミュニケーションを取らなかったことで「契約解除」を申し入れられてしまった可能性があるのです。**

　会社に勤めている方は「報連相」という言葉を聞いたことがあると思います。**「随時、報告・連絡・相談を心がけましょう」という** ものですが、**クライアントとお客様との関係性においても重要な考え方です。**特別なトラブルがなくても、「施策はどこまで進んでいるのか」を把握できているだけで、お客様は安心するものだからです。

　また、週1回でも、Zoomによるオンラインミーティングでもよいので、「今、順調に進んでいますが、何か気になることはありますか？」「今、抱えている課題はありませんか？」といった気遣いの一言があるだけで、お客様の不安感はみるみるうちに取り除かれ

ます。

　何をしているのかわからないからちょっと不安かもしれない。コンサルタントに不満があったわけではないが、いなくてもかまわない──。そうしたネガティブな感情への揺れ動きが、契約解除という残念な事態を招いてしまう可能性があることを知っておきましょう。

　おすすめは、週に1回、最大60分の「定例ミーティング」を開催し、お客様とのコンタクトを絶やさないことです。60分もあれば、現状の進捗報告ができます。お客様が気になっていること、不安に感じていること、疑問に感じていることもつぶさに確認できます。

　ほんの些細な一手間ですが、週1回の継続的な定例ミーティングが、2年、3年、5年という、中長期的な信頼関係につながっていくのです。

・プロジェクトの進捗に関する連絡
「現状、○○のプロジェクトは△△まで進んでいます。現在、このプロジェクトの進捗で気になることはありますか？」

・現状の不明点・疑問点・課題の確認
「プロジェクトの進捗報告は以上になりますが、現在、山田さんが気になっていることや課題に感じていることはありますか？ ぜひ、何でもおっしゃってください」

・プロジェクトメンバーに関する相談
「新しく入社された吉川さん、問題なくお仕事されていますか？ デジタルマーケティングや業務について心配なことがないか、様子見で一度、私が対話してみましょうか」

・お客様や会社が推進している事業に関する相談
「今、御社では、どのような事業を育てていきたいのですか。損得なしで、自分で力になれることは相談にのります」

 ## まとめ

　「最近どうですか？」の定例ミーティングが信頼関係を育む

「投資効果がない。どうしてくれる？」は事前説明で解決

　「オウンドメディアを立ち上げ、SNS運用も始めたのに全然、成果が出ない。投資効果が得られておらず、失敗も同然ではないでしょうか。一体どうなっているんですか？」

　これは、私自身が過去にお客様から受けた"クレーム"です。 最善を尽くしたのに、なぜ、このようなクレームが舞い込んでくるのでしょうか？

　それは、お客様のなかに「数日〜数週間ですぐさま結果が出る」という思い込みがあるからです。 驚く方も多いと思いますが、何らかのデジタルマーケティング施策を行ったら、翌日や1週間で成果が出ると勘違いしているお客様がいらっしゃるのです。そのため、すぐに訪問者数が増えなかったり、問い合わせが来なかったりすると「どうなっているんだ！」とざわつき、怒り心頭に発してしまうのですね。

　ご存じの方もいるかと思いますが、オウンドメディアやSNSなどのデジタルマーケティング施策は、一朝一夕に成果が出るものではありません。3ヵ月、6ヵ月、1年と、じっくりと時間を経るなかで、投資の複利効果のごとく、じわじわと集客効果が膨れ上がっ

ていくものです。短期的に爆発的な効果を得たいのであれば、大量の広告費をかけてデジタル広告を打つほかありません。

とはいえ、多くのお客様は、じわじわと長期的に、それほど広告費をかけずとも問い合わせが継続的に舞い込んでくる状態にしたいと考えています。**それであれば、時間をかけるほかありません。**

ですから、お客様には「効果が出るまでには相応の時間がかかること」を、あらかじめお伝えしておくようにしています。私は、デジマ・コンサルタントの契約を「最低6ヵ月」にしているのですが、それは、デジタルマーケティングの効果が如実にあらわれるまでに、最低6ヵ月くらいはかかるためです。クレームを防ぐために、次のようにお伝えしています。

> ### 「投資効果が出ないじゃないか！」というクレームを防ぐ一言
>
> 「御社の希望としては、オウンドメディアを運用し、広告費をかけずとも集客できる状態にしたいのですよね？　その場合、一定のお時間がかかることをご承知いただけますと幸いです。デジタルマーケティングは、すぐに成果が出るものではありません。3ヵ月、6ヵ月、1年と、時間をかけるなかで、じわじわと集客効果があらわれるものです。すぐに成果を出したい場合には、デジタル広告を打つほかありません。不明点がありましたら、いつでもお気軽にご連絡ください」
>
> 「当社のコンサルティング契約が6ヵ月間なのは、デジタルマーケティングの効果が目に見えてくるまでに、半年ほどかかるからです。成果が出たのかを判断いただくためにも、最低6ヵ月の契約期間を設けていることをご理解いただけましたら嬉しいです」

デジマ・コンサルタントになったときには、最低契約期間を説明しつつ、デジタルマーケティングの効果が出るまでには、相応の時間がかかることを説明しましょう。**それが「投資効果が出ない！」というクレームを防ぐベストな防御策です。**

まとめ

「SEO は効果が出るまで時間がかかる」でクレームを未然処理

目標未達、打ち手ゼロならば「契約終了」の勇気を

　「さまざまなデジタルマーケティング施策を行っているのに成果が出ない！終わりの見えない暗闇の中をさまよい歩いているようだ……」

　デジマ・コンサルタントになると、そのような心境になることがあるかもしれません。コンサルタントである以上、「どんな問題も解決します！」と自信たっぷりに宣言したいところですが、それはやっぱり、大げさな宣言になってしまいます。デジタルマーケティングは"生き物"のようなもので、常に変化し続けています。どんなに問題解決につながりそうな施策でも「100％絶対にうまくいく」と断言することはできないのです。

　もしも一つの打ち手を試してダメで、2つ目、3つ目の打ち手にトライしても成果を出せず、次なる打ち手がない場合には、潔くこちらから「契約終了宣言」をすべきだと考えています。それが、お客様に対する最大限の"誠意"だからです。

　間違っても、最低契約期間を2年、3年にして、成果が出ても出なくても、解約できないようなコンサルティングサービスを提供することはやめましょう。不誠実な対応は、お客様の信頼を大きく損

ねます。

　「1回、やめませんか？」とこちらから契約終了宣言をした方が、自分の精神衛生上よいですし、後々、ご紹介につながることすらあります。ちょっと意外に感じられるかもしれませんが、私自身の“実体験”です。

　デジマ・コンサルタントとして独立して2年目のことです。ホームページへのお問い合わせをきっかけに、あるお客様へのコンサルティングがスタートしました。具体的には、Webサイトの改善、オウンドメディアの運用、SEO対策による複合的なご提案です。しかし、10ヵ月経っても、なかなか集客に結びつかず、次なる打ち手をご提示することができませんでした。
　万策尽きた感があった私は「現状のご提案が最善策と考えております。これで成果が出なかったので、これ以上コンサルティング契約を引き延ばすのは、心苦しい限りです。いったん、ご契約終了とさせていただけませんでしょうか？」と、提案しました。お客様はやむをえないということで、契約終了に同意くださいました。

　しかし、その後5ヵ月ほどして、問い合わせが3倍に増えたというご報告をいただきました。私にとっても、予想していなかった、とても嬉しいニュースでした。ほどなくしてお客様から「森さんに紹介したい会社があります」ということで、新規のお客様をご紹介していただきました。契約終了となりましたが、成果が出たということで、私は心の底から安堵しました。力になることができて、よ

かった……。そんな福々とした気持ちで満たされたことを憶えています。

　あのとき、うまくいかなくても「報酬が欲しい」と我欲に走り、ズルズルと契約を続けていたら、お客様の心のなかは、抱えきれないほどのモヤモヤでいっぱいになっていたことでしょう。私自身も、精神的にきつかったに違いありません。

　手は尽くした、でも成果が出ない。さてどうしよう……。そんなときには、思い切って、契約終了をご提案するのも、一つの手だと思います。

　潔く身を引くことの大切さは、別のお客様とのやり取りの中でも痛感しています。売上高が200億円以上の会社さんとお取引があるのですが、そのお客様とは過去に一度、契約終了になっています。それでも「やっぱり森にお願いしたい」ということで、契約が復活し、今に至ります。

　最初にコンサルティング契約が途切れた理由は、お客様の会社のなかで「集客強化よりも、既存顧客へのフォローに注力していく」という全社的な方針にシフトしたためでした。コンサルタントに高い報酬を払ってまで、集客を行う必要はないというフェーズに突入したのです。いわゆる、経費削減です。

　そのとき、お客様からは「半分のコンサルティング料金で継続できないか」というありがたい打診をいただきました。しかし私は次のようにお伝えしました。

　「中途半端にコンサルティングをしたところで成果が出ないです

し、御社のお金をドブに捨てるようなことになりかねません。なので、とても残念ですが、やめましょう」

　思い切って、自ら「契約終了宣言」を申し入れたのです。お客様はきっと「え、どういうこと？」と驚いたかもしれません。しかし、私の頑（かたく）なな意志を感じ取ったのか、ほどなくして、契約終了に向かいました。

　それから１年ほどしたある日、久しぶりにお客様からご連絡をいただきました。**それは「また森にお願いしたい」という主旨のご連絡でした。**いったん契約が終了していたので、心底驚きました。それに、時間が経っても、私のことを覚えていてくれて、再びご縁をつないでくださったことが、本当に嬉しかったです。自分が誠心誠意の心で尽くしたことを、お客様は憶えていてくださる──そんな気づきを得た瞬間でした。

　いろいろなお客様に話をお聞きしてみると「契約を打ち切られたくない」という思いが強すぎるがあまりに、あれこれ理由をつけて、継続を懇願する広告代理店さんやWebマーケティング会社さんが多いようです。ですから、私のような思い切った対応はとても新鮮に映るようです。

ダメだと思ったら潔く引く。
ズルズルと中途半端に契約を引き延ばさない。

　それが、紹介や再契約という嬉しい結果につながる可能性がある

ことを知っておいてほしいです。

まとめ

「打つ手なしならスパッと終了」が次なる出会いを生み出す

1つの企業に"Wコンサルタント"で現場は崩壊する

「今月から、デジタル広告の運用については、広告代理店の○○社にお願いすることになりました。そのほかの施策については、引き続き、森さんにお願いしたいと思っています」

時折、お客様からこのようなご連絡をいただくことがあります。つまり、デジタルマーケティングの一部については、ほかの広告代理店やWebマーケティング会社に委託するという意向です。

ほかのコンサルタントさんがどうしているのかわかりませんが、このようなご連絡をいただいたとき、とても残念なことですが、私自身は「契約終了宣言」をしています。 お客様には驚かれますし、とても残念に思われるのですが、基本的な方針として貫いています。

なぜならば、デジタルマーケティングの進め方は十人いたら十通りのやり方があり、別の広告代理店さん、コンサルタントさん、Webマーケティング会社さんと方向性が一致することはあまりなく「船頭多くして船山に上る」状態に陥るからです。お客様は混乱しますし、デジタルマーケティングで成果を出せなくなってしまうのです。

　例えば、お客様の現状を分析した結果、「SNS運用」と「Googleビジネスプロフィール」と「ランディングページ」の更新を優先的にすすめたいと考えたとします。一方で、広告代理店さんは「リスティング広告」と「オウンドメディアの運用」を優先事項として考えたりします。

　このように、**戦略の方向性に不一致が生じると、お客様は、どちらの方針を信じたらいいのかわからなくなり、現場が混乱します。**百歩譲って、施策内容が同じだとしても、優先順位や進める順序が異なれば、成果の出方も異なります。**そうすると「誰の戦略・施策でうまくいったのか・うまくいかなかったのか」について、正しいジャッジを下せなくなります。**

　お客様に多大なるご迷惑をかけるばかりか、自分自身の取り組みを正当に評価されなくなり、最悪の場合マイナス評価を受けてしまう。それは本当に避けたいことです。**他社の参入による"ダブル・コンサル状態"は、デジマ・コンサルタントにとって大きな損害なのだと理解しておきましょう。**仕事を取ることも大事ですが、仕事を成功させる環境を作ることがより大切なのです。

しかし、なかには「まだ実績がそれほどなく、経験を積み上げたい。だから、案件を受注したい」というケースもあるかと思います。とりわけ、デジマ・コンサルタント初心者の方は、この悩みにぶつかり、葛藤するはずです。そのような場合には、ダブル・コンサル状態を覚悟のうえで、契約に踏み切るのも手だと思います。**最も大切なのは「コンサルタントとしてやっていけるんだ！」という自信ですが、その自信を揺るぎないものにするためには「数多の実績」を積むほかないからです。**「失敗も成功も、未来の自分を作る糧の一つなんだ」と割り切り、お客様の課題解決に邁進してみてください。

まとめ

　失敗のリスクが増大する「Ｗコンサルタント」は避けよう

● 最後に一言ごあいさつ

ここまで本書をお読みくださりありがとうございました。

先行き不透明なこれからの時代にこそ求められる新しい職業、"デジマ・コンサルタント"とは何かについてお伝えする一冊となりました。

私が本書を執筆したのは「**正しい知識を持ったデジマ・コンサルタントの仲間を一人でも増やし、日本を明るく元気にしたい**」という強い想いがあったからです。

デジタルマーケティングに唯一無二の正解はありません。しかし、決して「正しい」とは言い切れない戦略・施策を打ち立て、成果を出せないばかりか、あれやこれやと言い訳を並び立てて、継続契約にしがみつく広告代理店、Webマーケティング会社、コンサルタントを、さまざまな現場で数多く見てきました。その場しのぎの泥縄のような戦略で、糊口をしのいでも、一切お客様の問題解決にはつながりません。ただお金をドブに捨てるに等しい営みです。

このままでは、日本の未来は危うい。

コンサルタントとして独立してから、そんな危機感をずっと胸に抱いてきました。そうしたなかで、デジタルマーケティング全般に精通したデジマ・コンサルタントの存在意義の大きさを再認識しました。

デジタルマーケティング全般に精通し、的確なディレクションが行えるデジマ・コンサルタントが増えれば、多くの企業の集客の問題を解決し、売上拡大に貢献できる ── そう考えたのです。

　こうした想いに至ってから「お客様の役に立ち、長く活躍できるサステナブルなデジマ・コンサルタントになる方法」について、お伝えする本を出すことを決意いたしました。それが、本書を上梓するまでの経緯です。

　本書の通りに実践いただければ、年商1000万円はもとより、年商1億円のコンサルタントとして飛躍することができます。**極度の引っ込み思案だった私自身が実現できたのですから、あなたにもきっとできるはずです。**私はそう信じています。

　本書の執筆にあたり、独立から5年間で身につけた「稼ぎ方」と「活躍し続ける方法」を余すところなくお伝えしました。

　ぜひ、あなたも「自分自身の手で稼ぐ力」を身につけ、人生という大海原を、エキサイティングに、楽しく、心豊かな気持ちで泳いでいきましょう！

・「地方創生」という夢に向かって

　私自身は、デジマ・コンサルタントになってから6年目に突入しようとしています。たった5年間、されど5年間。**その間に、私はお客様から多くの"感動"と"喜び"を分けていただきました。**

今でも印象に残っているのは、東北地方にある温泉旅館さんに対して、コンサルティングを行ったときのことです。お客様からは、新型コロナウイルスの感染拡大で、客足がめっきり遠のいてしまったという悲痛な相談を受けました。

　温泉地の近くは、800〜1800m級の小高い山々が数百キロメートルにもわたって連なる風光明媚な場所です。そこには、なだらかな稜線と峻厳な斜面とがモザイク状に広がっており、手つかずの天然林が緑豊かに生い茂っていました。

　温泉地に降り立った時、私は、その絶景に、ただ立ちすくむばかりでした。

　決して、人間が作り出すことができない悠久の原風景——。

　どんなにテクノロジーが進化しようとも、決して人間が生み出すことができないものの偉大さに、畏怖の念を抱かずにはいられませんでした。

　この大自然の美しさを、多くの人に知ってほしい——。

　ただ、そう思いました。

　また、ここで働く方々が、いつまでも、素晴らしい自然のなかで、豊かな人生を楽しんでほしいという願いも生まれました。

　心を揺り動かされたなかで、私が提案したのは、Instagram を使ったSNS運用でした。**現地で働く皆さんにとって、当たり前の「紅葉」も、この場所に縁もゆかりもない僕にとっては「まだ見ぬ“未開の絶景”」です。**その絶景を収めた美麗なる写真と、観光客の皆

さんに向けた熱いメッセージを、旅館で働く皆さんが発信すること
に大きな価値があると考えたのです。

　旅館のスタッフの皆さんは、慣れないSNSの操作に、大きな戸
惑いを感じていらっしゃいました。しかし、小銭貯金を集めるよう
に、毎日コツコツと投稿を続けるなかで、一人、二人と、温泉旅館
のファンをつかむことに成功されました。微力ながら、集客のお役
に立てたことは、私にとってこの上ない喜びでした。

　**自分たちにとっては「当たり前」の景色、空気、食べ物、生き物、
人々の温もりに、ほかの場所に住んでいる人にとっての「非日常」
が潜んでいます。**
　それを、すかし絵のごとくあぶり出し、絶え間なく報せること
で、じわじわと集客力は高まっていきます。それが、企業再生、復
活の物語へとつながっていくのです。デジマ・コンサルタントに
は、その青写真を描く"力"があります。

　私自身、青森の八戸市出身で、地方創生には並々ならぬ想いを抱
いています。そのため、地方の方々からいただくお仕事のご依頼
は、こちらの持ち出しがあっても、なるべく受けるようにしていま
す。これまで、Web集客、SNS運用、Googleビジネスプロフィー
ル、セミナー講師、Web集客の相談会など、さまざまな支援をさ
せていただきました。
　講師としてセミナーを開催した際には、会場の皆さんから、心か
らの笑顔と「ありがとう」の言葉をいただきました。デジマ・コン

サルタント冥利に尽きる瞬間です。地方の皆さんとのご縁の輪が広がっていくことに、このうえない喜びを実感しております。

　やる気はあるが、何をしていいかわからない。そんな人が意外と多いものです。そんな方にお会いするたびに、自分が持つデジタルマーケティングのノウハウをお伝えすることに、大きな喜びを感じています。

　現在は、渋谷のスクランブルスクエアで働いていますが、地元である青森県八戸市にも会社を作りたいと考えています。**文字通り地方から日本を元気に変えていき、笑顔の「ありがとう」が満ちあふれる世界を作っていきます。**

　「デジマ・コンサルタントになってみたい」という想いがある方がいらっしゃいましたら、ぜひご一報ください。一緒に、日本の未来を盛り上げていきましょう。友達はいつでも募集中です。

　あなたがデジマ・コンサルタントとして羽ばたく未来を描くことができましたら、これ以上に嬉しいことはありません。

2025 年 1 月吉日

森　和吉